Beltz Taschenbuch 38

Die Reihe »Spielewerkstatt«
wird herausgegeben von Peter Thiesen

Über dieses Buch:
Etwa 240 Tage umfasst ein Kindergartenjahr, in dem Kinder und ErzieherInnen je nach Öffnungszeit der Einrichtung zwischen 1200 und 1700 Stunden miteinander verbringen. Diese Zeit wird zum allergrößten Teil von den »Schnupfnasen« und »Dauerlutschern« – wie ErzieherInnen manchmal liebevoll ihre Kinder nennen – spielend verbracht. Dieses Buch ist ein prall gefüllter Werkzeugkasten und Alltagsbegleiter, das es ErzieherInnen ermöglicht, neben dem Freispiel auch strukturierte Spielangebote zu schaffen, die zur Förderung der Gesamtpersönlichkeit der Kinder beitragen. Die in 12 Monaten von je 20 Kindergartentagen zusammengefassten Spiele sind deshalb nicht ausschließlich am Jahreslauf ausgerichtet. Es geht auch um Sprache, Sinneswahrnehmung, Sozialerziehung, Konzentration, Geschicklichkeit, Bewegung, Kreativität, Farben, Theater, Musik und vieles andere mehr.

Der Autor:
Peter Thiesen ist Diplomsozialpädagoge und Dozent an der Fachschule für Sozialpädagogik in Lübeck. Er hat sich als Autor und Herausgeber von Standardwerken zur Spiel- und Sozialpädagogik einen Namen gemacht. Im Beltz Verlag erschienen viele seiner Bücher, zuletzt »Mit allen Sinnen spielen« und »Freche Spiele – starke Spielideen gegen Frust und Lustverlust in Schule, Jugendarbeit und Erwachsenenbildung« sowie die neu herausgegebene Reihe »Spielewerkstatt« mit den Titeln »Fußdialog und Blickkontakt«, »Kartonwelten, Kuhkunst und Klangtunnel«, »Himmel, Hölle & Co.« und »Schlapplachtheater«.

Peter Thiesen

Schnupfnasen und Dauerlutscher

240 originelle Spiele für jeden Tag im Kindergartenjahr

BELTZ
Taschenbuch

Besuchen Sie uns im Internet:
http://www.beltz.de

lose Seiten geklebt

Beltz Taschenbuch 38
Originalausgabe

Lektorat: Richard Grübling
Herstellung: Lore Amann
Gesetzt nach den neuen Rechtschreibregeln
Satz: Satz- und Reprotechnik GmbH, Hemsbach
Druck: Druckhaus Beltz, Hemsbach
Umschlaggestaltung: Federico Luci, Köln
Umschlagfoto: Stefan Blume, Worms
Zeichnungen: Barbara Hömberg, Hamburg
Printed in Germany

ISBN 3-407-22038-3

Inhaltsverzeichnis

Liebe Leserin, lieber Leser!

Etwa 240 Tage umfasst ein Kindergartenjahr, in dem Kinder und ErzieherInnen je nach Öffnungszeit der Einrichtung zwischen 1200 und 1700 Stunden miteinander verbringen. Diese Zeit wird zum allergrößten Teil von den »Schnupfnasen« und »Dauerlutschern« – wie ErzieherInnen ihre Kinder manchmal liebevoll nennen – spielend verbracht.

Neben dem »freien Spielen« der Kinder sind die »strukturierten Spielangebote« durch die ErzieherInnen ein wichtiger Beitrag zur Förderung der Gesamtpersönlichkeit der Kinder. Sie werden in ihrem Ich gestärkt, indem sie zum Beispiel spielerisch lernen, sich auf unterschiedliche Weise auszudrücken, Sensibilität für ihre Umwelt entwickeln und von Gleichaltrigen, Älteren und Erwachsenen Spieltechniken und Spielregeln übernehmen.

Alle praxiserprobten Spiele dieses Buches verstehen sich als Spielangebote im Sinne eines »kindorientierten Ansatzes«. Die in 12 Monaten von je 20 Kindergartentagen zusammengefassten Spiele sind nicht ausschließlich am Jahreslauf ausgerichtet. Um die bunte Erlebniswelt des Kindes möglichst ganzheitlich zu erfassen und zu bereichern, enthält das Buch ein breit gefächertes Spiel- und Lernangebot. Deshalb geht es auch um die Sprache, um Sinneswahrnehmung, Sozialerziehung, Konzentration, Geschicklichkeit, Bewegung, Kreativität, Farben, Theater, Musik und vieles andere mehr. Als prall gefüllter Werkzeugkasten und Praxisbegleiter möchte dieses Buch Sie als ErzieherInnen unterstützen, neben dem Freispiel lebendige Spielsituationen zu schaffen, kindliche Bedürfnisse zu befriedigen und Interessen zu wecken.

Haben Sie übrigens einmal darüber nachgedacht, wie oft Sie im Laufe eines Kindergartenjahres den kleinen »Schnupfnasen« in Ihrer Gruppe mit einem Papiertaschentuch aus der Patsche halfen? Es wird die Zahl 240 bei weitem übersteigen. Jede/r ErzieherIn weiß:

Kleine Kinder bohren, auch wenn sie keinen Schnupfen haben, häufig in der Nase. Meist tun sie dies, wenn sie sich langweilen. Da es sein kann, dass aus mancher »Zaubernase« durch zu tiefes Bohren Autos, Puppen, Teddys, Roller, Telefone und Dauerlutscher fallen können, ist es immer gut, wenn die Erzieherin ein Taschentuch zur Hand hat, dass sich Sven, Julia und Christian vorhalten können, damit keines dieser wunderschönen Dinge auf den Boden fällt und kaputtgeht. Mit den Spielen dieses Buches werden Sie den Kindern die Langeweile wegzaubern, und wenn sich dann doch noch hin und wieder einer seiner Nase zuwenden sollte, so nur aus Spannung und Spaß am Spielgeschehen.

Peter Thiesen

Spiele im Sinne eines »kindorientierten Ansatzes«

Das Spiel ist eine humane Grundfähigkeit. Also kann das Kindergartenkind spielen und muss es nicht erst lernen. Wenn diese Tatsache auch unbestritten ist, so erlauben Sie mir bitte ein paar kurze Anmerkungen, die das Spielen im Elementarbereich noch etwas differenzierter beleuchten sollen.

Für das Spiel im Kindergarten gilt: Alles, was mit Lust und Freude getan wird, hat aufs Ganze gesehen den größten Lernerfolg. Während das »freie Spielen« des Kindes von besonderer »psychohygienischer Bedeutung« für sein seelisches Wachstum ist, geht die Erzieherin beim »strukturierten Spielen« als Partnerin auf die Spiel- und Symbolwelt des Kindes ein und bildet so eine Brücke zur Realität der Erwachsenen. Beim »freien Spielen« wählt das Kind sein Spielthema. Es folgt dabei seinen eigenen Impulsen und verarbeitet positive wie negative Eindrücke. Das freie Spielen hilft ihm beim Aufbau sozialer Beziehungen. Die Kinder lernen untereinander, Interessen anderer zu akzeptieren aber auch eigene durchzusetzen. Ältere nehmen Rücksicht auf jüngere und umgekehrt. Im freien Spiel nimmt das Kind die Wirklichkeit auf seine ihm eigene egozentrische und affektgeladene Art wahr, ehe es das System des logischen Denkens, dessen wir uns als Erwachsene bedienen, anwenden kann.

Die strukturierten Spielangebote der Erzieherin knüpfen an die Spielanfänge der Kinder an und helfen (über vermittelte Spiele, Spieltechniken und Spielregeln) bei der Entwicklung von Spiel- und Lernprozessen. Die Erzieherin gleicht so Spieldefizite aus, die sich in allen Bereichen (im sozialen, psychomotorischen und geistigen) ergeben können.

Im Sinne eines »kindorientierten Ansatzes«, und um das Kind geht es schließlich, wird es Zeiten im Kindergarten geben, in denen fast ausschließlich das intensive freie Spielen im Vordergrund steht und solche, in denen das Kind stärker Spielangebote durch die Erzieherin braucht. Ein ausgewogenes Gleichmaß ergibt sich aus den Bedürfnissen und Interessen der Kinder und der pädagogischen Verantwortung der Erzieherin.

Kinder im Vorschulalter machen sporadische Erfahrungen. Ihr Erleben ist komplexer Natur und es vollzieht sich ganzheitlich, d.h. geistige, emotionale und psychomotorische Kräfte werden zugleich angesprochen.

Bei ihrem spielpädagogischen Vorgehen wird die Erzieherin stets bemüht sein, die kindliche Spontaneität und Eigeninitiative zu berücksichtigen. Den Bedürfnissen der Kinder entspricht eine offene Arbeitsform, in der durch das Spiel alle Lern- und Erfahrungsfelder wahrgenommen werden können.

Die 240 Spiele dieses Buches sind neben dem Freispiel und der gezielten Beschäftigung im Kindergarten ein offenes Angebot für den lebendigen Umgang mit der Zeit. Sie befriedigen Bedürfnisse, wecken Interesse und lenken spielerisch den Blick auf das, was sich im Leben der Erwachsenen ereignet. Dabei lassen sich die Spiele flexibel und situationsorientiert einsetzen. Bei einer Reihe von Spielen können einzelne Kinder oder Gruppen bei ihrem Vorhaben bleiben, während andere sich für ein Spielangebot der Erzieherin entscheiden. Manche Tage werden zu ruhigen Spielen verlocken, während andere stark von motorischen Bedürfnissen oder vom Wetter (Sonne, Wind, Schnee) bestimmt sind. An manchen Tagen prägt das Freispiel den Ablauf, an anderen Tagen wünschen sich die Kinder nichts so sehnlich wie gemeinsame Spiele mit der Erzieherin.

Hinweise zur Handhabung der Spielesammlung

Die auf 240 Kindergartentage verteilten Spiele dieses Buches sind Gruppenspiele, meist für eine Größe von 4 bis 20 Mitspielern. Alle Spiele enthalten die notwendigen didaktisch-methodischen Hinweise, geben Auskunft über Spielort, Material, Durchführung, Spielqualität und Variationen. Da der Entwicklungsstand von Kind zu Kind unterschiedlich sein kann, enthalten die einzelnen Spiele keine spezifischen Altersangaben. Insgesamt wenden sie sich an Kinder vom 4. (zum Teil schon vom 3.) Lebensjahr bis zum frühen Grundschul- und Hortalter. Die Spieldauer wird von der Lust und den Bedürfnissen der Teilnehmer bestimmt.

Zeichenerklärung:

Spiele im Haus (Gruppenraum, Zimmer, Turnhalle)

Spiele im Freien (Kindergartengelände, Spielplatz, Wiese, Park)

Da auch heute noch – bis auf wenige Ausnahmen – fast ausschließlich Erzieherinnen im Kindergartenbereich tätig sind, wurde bei den Spielbeschreibungen die weibliche Form der Berufsbezeichnung gewählt. Gemeint sind natürlich auch die männlichen Kollegen.

Januar

Anna spielt im Januar
gern bei Schnee und Eis.
Und trotz der roten Nase gar,
ist sie ein Naseweis.

1 Spuren im Schnee

Bei diesem Spiel teilen wir die Kinder in 2 Gruppen ein, in eine kleine (4 Kinder) und eine große (8 Kinder). Die kleine Gruppe geht voraus und hinterlässt Spuren im Schnee (Hakenschlagen, Irrspuren usw.). Nach einer verabredeten Zeitspanne folgt die große Gruppe, die die Spurenleger suchen muss.

Das Gelände, auf dem die Spurensuche stattfindet, muss natürlich Anna und allen anderen Kindern gut bekannt sein.

Spielqualität: Beobachtungsfähigkeit.

2 Schatzsucher

Material: »Schätze« (z.B. kleine Leckereien, Obst oder Spielzeug).

Zwei gleichstarke Gruppen werden gebildet. Die Erzieherin oder ein Kind, das zu keiner der beiden Gruppen gehört, versteckt den »Schatz«. Beim Verstecken werden »Spuren« in Form von farbigen Papierstreifen hinterlassen. Die 2 Gruppen (jeweils bis 4 Kinder) müssen den »Schatz« suchen. Die Gruppe, die ihn zuerst gefunden hat, ist Sieger und darf den »Schatz« behalten.

Spielqualität: Beobachtungsfähigkeit.

3 Wer kennt das Märchen?

Die Kinder sitzen im Stuhlkreis. Während 1 Kind aus dem Gruppenraum geht, wählen die anderen ein Märchen aus, das zu erraten ist. Das Kind wird hereingerufen und tritt vor ein anderes im Kreis. Dieses versucht, das Märchen mit einem Satz zu beschreiben. Es sagt z.B. »In unserem Märchen kommt ein Mann mit einem grünen Hut vor.« (In diesem Fall der Jäger aus »Schneewittchen«.) Dann geht das Kind weiter. Jeder nächste Mitspieler im Stuhlkreis gibt mit einem weiteren Satz Auskunft über das gesuchte Märchen. Dabei ist die Reihenfolge der Märchenhandlung nicht so wichtig. Das Kind, bei dem die Märchenhandlung erraten wurde, geht als nächstes nach draußen, um ein neues Märchen zu erraten.

Spielqualität: Aufmerksamkeit, genaues Beobachten.

Tante Telekom 4

Material: Augenbinde.

Die Kinder sitzen im Kreis. Ein Kind steht in der Mitte und hat die Augen verbunden. Es ist die »Tante Telekom«. Jeder Spieler bekommt den Namen eines Landes oder einer Stadt zugeteilt. Sobald die »Tante Telekom« sagt: »Ein Telefonanruf von Hamburg nach Berlin!« tauschen die Spieler, die diese Namen haben, die Plätze. Der Wechsel muss aber ganz leise vor sich gehen, denn »Tante Telekom« wird versuchen, sie zu berühren. Wer getroffen ist, wird die neue »Tante Telekom«.

Spielqualität: Konzentrationsvermögen, Reaktion, Geschicklichkeit.

Schneeballturm 5

Material: Schneebälle.

Die Kinder bauen jeder für sich einen Turm, indem sie einen Schneeball auf den anderen setzen. Da der Turm ab einer bestimmten Höhe ins Wanken kommen kann und einsturzgefährdet ist, müssen die Bälle vorsichtig aufeinander gestapelt werden. Das ist gar nicht so einfach. Entweder führen die Kinder das Ganze als Wettspiel durch – oder man lässt ihnen Zeit, und das Ganze wächst und wächst.

Spielqualität: Geschicklichkeit, Freude am Bauen.

Fischen 6

Material: Karton, Scheren, Paketband.

Die Kinder schneiden einen Fisch aus Karton aus und binden ihn mit einer Schnur an ihrem Gürtel fest, sodass der Fisch über den Boden geschleppt wird. Damit kann der Wettlauf mit den Fischen im Schlepptau beginnen. Die Kinder laufen sich gegenseitig über den Weg und versuchen so viele Fische wie möglich zu erwischen, indem sie darauf treten. In der Zwischenzeit muss jedes Kind versuchen, seinen eigenen Fisch nicht zu verlieren!

Spielqualität: Freude an der Bewegung, motorisches Geschick, Reaktionsvermögen.

7 Mein Kleiderschrank

Material: Kleidungsstücke (zur Demonstration), Faltpapier, alte Kataloge, Filzstifte, Scheren, Klebstoff.

Die Kinder hören von der Erzieherin, dass Kleidung dem Wetter angepasst, d.h. zweckgebunden sein muss (z.B. 1 warme Jacke, Gummistiefel).

Die Kinder sitzen am Tisch und falten gemeinsam mit der Erzieherin »Kleiderschränke« (gefaltete Schachteln aus einem Quadrat). In die »Schränke« werden mit Filzstift »Fächer« eingezeichnet, z.B. für Sommerbekleidung (Sonne), Regenbekleidung (Schirm) und Winterbekleidung (Schneemann), Unterwäsche und Schuhe.

Aus bereitgelegten Katalogen schneiden die Kinder die passenden Kleidungsstücke aus und kleben sie in die Fächer.

Spielqualität: zuordnen und differenzieren; manuelle Geschicklichkeit (falten, zeichnen, kleben, schneiden); verbalisieren.

8 Wo sind meine Schuhe?

Material: Schuhe und Augenbinden.

Alle Kinder legen ihre Schuhe auf einem großen Haufen zusammen und verbinden sich die Augen. Beim Startzeichen sucht jeder schnellstens nach seinen Schuhen. Welches Kind hat seine Schuhe als erstes wieder angezogen? Lustig wirds, wenn Fritz in Evas Schuhen steckt.

Spielqualität: Beobachtung, Reaktion, Geschick, Spaß.

9 Zwei Januar-Minuten-Spiele

Material: 1 Stopp- oder Sanduhr.

Wenn man Spaß hat, vergeht die Zeit im Flug. Die Erzieherin hat eine Stoppuhr in der Hand und lässt die Kinder, bevor das eigentliche Spiel losgeht, erst einmal erraten, wie lange überhaupt eine Minute dauert. Sie schaut auf die Stoppuhr, bittet die Kinder, die Augen zu schließen und gibt das Startzeichen. Sobald ein Kind denkt, dass die Minute vorbei ist, öffnet es die Augen. Wer kommt der Minute am nächsten?

Nachdem die Kinder ihr Zeitgefühl getestet haben, stellt die Erzieherin 2 Spielaufgaben:

- »Ihr alle spielt gerne mit dem Schnee und mit Schneebällen. Wie viele Schneebälle kann jeder von euch in einer Minute formen?
- Wer schafft es, den höchsten Schneehaufen in einer Minute zu bauen?«

Spielqualität: Zeitgefühl, manuelle Geschicklichkeit.

Geschichtenerzähler 10

Material: Bänder.

Die Kinder bilden einen Kreis, in dessen Mitte Bänder liegen. Doch es gibt ein Band weniger als Spieler. Einer (am Anfang die Erzieherin) beginnt, eine Geschichte zu erzählen, während die anderen zuhören. Wenn der Erzähler im Laufe seiner Geschichte das Wort »über« benutzt, nimmt sich jeder so schnell es geht ein Band. Der Spieler, der kein Band mehr erwischt, muss die Geschichte weitererzählen, bis er selbst das Wort »über« verwendet. Sicher werden die Kinder manch lustige Geschichte zu hören bekommen.

Spielqualität: Fantasie; freies Sprechen; Reaktionsvermögen.

Schneemannbeschuss 11

Material: Schnee, Stöckchen, Blechdose oder Hut, Karotte.

Die Kinder bauen gemeinsam einen Schneemann, dem ein Hut (z.B. Blechdose) locker aufgesetzt wird, und der seitlich an den »Armen« dünne Stöckchen trägt, der die »klassische« Karottennase und zwei Schneebälle als Ohren bekommt. Dann wird mit Schneebällen nach dem Schneemann geworfen. Es gilt, Arme, Ohren, Nase und Hut zu treffen bzw. wegzuschießen. Die Schützen erhalten Punkte.

- Wer ein Stöckchen (Arm) wegschießt, erhält 1 Punkt,
- wer ein Ohr wegschießt, erhält 2 Punkte,
- wer die Nase wegschießt, erhält 3 Punkte,
- wer den Hut abschießt, erhält 4 Punkte.

Spielqualität: motorische Geschicklichkeit.

12 Oberaffe

Die Spieler (»Affen«) sitzen im Kreis. Ein Spieler verlässt den Raum. In der Zwischenzeit beschließen die anderen, wer der Chef der Gruppe – der Oberaffe – ist. Dieser macht jedes Mal eine Bewegung vor, die die anderen nachmachen müssen. Der Spieler, der vorübergehend ausgeschlossen ist, lässt sich in der Mitte des Kreises nieder und versucht nun, den »Oberaffen« herauszufinden. Doch der gewitzte Bursche ändert natürlich dauernd die Bewegung. Hat das ratende Kind herausbekommen, wer der »Oberaffe« ist, verlässt jemand anderes den Raum und nimmt seine Stelle ein.

Spielqualität: Beobachtungsfähigkeit, Bewegungskoordination, Reaktion, Spielspaß.

13 Zeitungsmusik

Material: Zeitungen.

Mit Zeitungen lässt sich auch vortrefflich »Musik« machen. Dafür bilden wir einen Stuhlkreis. Jedes Kind erhält von der Erzieherin eine Zeitung.

1. Alle Kinder rascheln mit ihrer Zeitung.
2. Eine Zeitung wird zusammengeknüllt ans Ohr gehalten, hin und her bewegt, gedrückt oder gerieben.
3. Die wahrgenommenen Geräusche werden mit der Stimme nachgeahmt.
4. Die Erzieherin gibt einen Rhythmus vor, nach dem die Kinder ihre Zeitungen bewegen.
5. Ein Lied wird gesungen (z.B. »Mein Hut der hat drei Ecken«) und durch die Zeitungsgeräusche begleitet.

Spielqualität: experimentieren; Reaktion auf akustische Reize; Improvisation.

Quatschgeschichten 14

Hier stimmt einiges nicht. Die Erzieherin trägt vor, und die Kinder korrigieren die Quatschgeschichte:

> »Jeden Sonntag putzt sich mein Vater mit dem Rasierapparat die Zähne und rasiert sich dann mit der Zahnbürste. Dann zieht er sich die Hose über den Kopf, knöpft das Hemd über dem Pullover zu und bindet sich einen Schal um. Beim Frühstück verrührt er die Marmelade mit Ketschup, streichelt das Ei und klopft sich mit dem Eierlöffel auf den Kopf. Danach zündet er sich genüsslich eine Zeitung an und raucht sie in der Pfeife. Später hilft er meiner Mutter in der Küche. Er hackt den Herd klein und setzt den Topf auf die Petersilie. Anschließend bügelt er die Kartoffeln und hängt sie zusammen mit den gekochten Tellern zum Trocknen auf die Wäscheleine.
> Beim Mittagstisch isst er den Braten mit dem Löffel und trinkt den Pudding durch den Strohhalm. Dann legt er das Geschirr auf das Sofa und ruht sich in der Geschirrspülmaschine etwas aus. Am Nachmittag badet er seine Füße in einer Schüssel mit aufgebrühtem Bohnenkaffee. Das macht ihn munter für einen langen Fernsehabend. Jetzt ist Mitternacht. Mein Vater rauscht und flimmert und der Fernseher schnarcht und schnarcht.«

Gemeinsam erfinden wir mit den Kindern neue Quatschgeschichten und stellen die Wirklichkeit ein wenig auf den Kopf.

Spielqualität: Fantasie, Aufmerksamkeit, sich sprachlich mitteilen.

Wer-kann?-Spiele 15

Von der Sesam-Straße her kennen wir eine der meist gebrauchten Kinderaussagen. Sie lautet: »Das kann ich schon selber.« Deshalb heißt es heute: »Wer kann …

- jedem Spielteilnehmer etwas Nettes ins Ohr flüstern?
- schnell 6 Tiere nennen?

- auf einem Bein um eine abgesteckte Strecke hüpfen?
- wie eine Statue stehen. Jeder Mitspieler darf eine Veränderung an der Statue vornehmen, z.B. Arme, Hände, Beine, Kopf, Hüfte in eine andere Stellung bringen?
- 30 Sekunden lang lachen?
- mit einem ernsten Gesicht eine Minute pfeifen oder »la, la« singen, dreimal hintereinander folgenden Satz sagen: »Metzger, wetz dein Metzgermesser!«?
- eine Strickjacke oder einen Anorak verkehrt, also mit dem Rücken nach vorne anziehen?
- sich auf den Boden setzen und mit den Händen und Füßen klatschen?«

Spielqualität: Selbstvertrauen, Erleben vielfältiger Aufgaben.

16 Plumpsackgeschichten

Material: 1 Plumpssack oder 1 geknotetes Tuch.

Alle sitzen im Kreis. Die Erzieherin (oder ein Kind) beginnt, eine Geschichte zu erzählen, die z.B. am Meer, im Wald, im Gebirge, auf dem Mond angesiedelt ist. Plötzlich wirft sie einem Kind einen Plumpsack zu. Dieses muss dann die Geschichte fortführen, indem es an den vorangegangenen Satz anknüpft.

Spielqualität: Fantasie, Ideenreichtum und Originalität.

17 Blinde Kunstmaler

Material: Papier, Stifte, Augenbinden.

Die Kinder malen mit verbundenen Augen das, was die Erzieherin ihnen vorgibt, z.B. ein Haus. Doch das ist noch nicht alles. Neben dem Haus steht ein prächtiger Baum, vor der Haustür steht ein Auto, daneben eine Laterne …

Wenn die Kunstmaler mit ihren Bildern fertig sind, werden die Augenbinden abgenommen und die Werke zur Freude aller betrachtet.

Spielqualität: Feinmotorik, räumliche Orientierung.

Hört genau zu! 18

Material: verschiedene Geräusche erzeugende Gegenstände, Augenbinden.

Auch bei diesem Spiel müssen die Augen geschlossen sein, um Geräusche und Klänge zu erraten: Das Quietschen eines Lochers – das Plätschern in einer Schüssel mit Wasser – das Beißen in einen Apfel – Wasser in eine Tasse gießen – das Ticken einer Uhr – das Klappern einer Schreibmaschine (im Computerzeitalter immer seltener zu hören) – Papier zerknüllen – mit dem Holzlöffel oder einem Metalllöffel verschiedene Gefäße anschlagen, einen Topf, ein Glas, eine Kunststoffschüssel – ein Buch rasch durchblättern.

Spielqualität: genaues Zuhören, Wahrnehmung, Konzentration.

Erbsensuppe mit Strohhalm 19

Material: Erbsen, Teller, Strohhalme.

Es werden 2 Reihen gebildet. Die Kinder sitzen, haben einen Teller vor sich und einen Strohhalm im Mund. Das erste Kind bekommt jeweils eine Erbse auf den Teller. Das Zweite muss sie aufsaugen und auf seinen eigenen Teller legen usw. Ist die Erbse beim letzten Kind angekommen, holt das erste sie wieder nach vorne, indem es sie ansaugt, dann auf seinen Teller fallen lässt und zurück läuft. Erst wenn dieses Kind sitzt, hat die Gruppe gewonnen.

Spielqualität: Geschicklichkeit; Sammeln neuer Erfahrungen (Probieren); Kooperation; Interaktion.

Vorhang auf! 20

Heute spielen wir Theater. Die Erzieherin leitet die Kinder zu verschiedenen Bewegungsabläufen und kleinen Handlungen an, die nacheinander ausgeführt werden.
Vorschläge für pantomimische Übungen im Raum:

Wir gehen
- als Frau, die einen Kinderwagen schiebt

- als KellnerIn in einem Restaurant, der/die ein Tablett mit vollen Weingläsern trägt
- als kleines Kind, das gerade gehen lernt
- als Mann, der einen schweren Koffer schleppt
- als Frau, die in einem Supermarkt einkauft
- als Weihnachtsmann durch hohen Schnee

Wir
- stehen auf
- waschen uns, putzen die Zähne
- ziehen uns an
- frühstücken
- gehen in den Kindergarten (Hort, Schule)

Wir stehen alle im Kreis und geben herum (nur andeuten)
- einen Eimer voll Wasser
- einen Luftballon
- einen großen Medizinball
- einen kleinen Käfer
- eine große Kiste
- einen leichten Tischtennisball

Mithilfe der Erzieherin versuchen die Kinder, einen ganzen Handlungsablauf zusammenzustellen. (Die Erzieherin kann zunächst einzelne Pantomimen vormachen und sie von den Kindern erraten lassen.)

Beispiele: Beim Frisör – bei einem Fußballspiel – bei einer Party – im Kino – beim Zahnarzt, beim Wäscheaufhängen – beim Einkaufen

Spielqualität: differenzierte Wahrnehmungen von Mimik, Gestik, Fein- und Grobmotorik.

Februar

Felix geht im Februar
mit seinem Schlitten raus.
Ist dann jedoch kein Schnee mehr da,
spielt er sofort im Haus.

21 Monsterbacke

Material: 1 Plüschtier, Musik.

Die Kinder sitzen im Kreis und hören Musik. Einer der Spieler hält ein Plüschtier in seinen Händen, das die »Monsterbacke« darstellt. Niemand will das Monster in seinen Händen halten. Deshalb sollte man es möglichst schnell an seinen Nachbarn weitergeben.

Doch plötzlich hört die Musik auf. Wer in diesem Augenblick das Monster in der Hand hat, scheidet aus.

Spielqualität: Spaß, Reaktionsvermögen.

22 Rate, was im Koffer ist!

Material: Koffer, in dem sich beliebige Gegenstände befinden.

Winterzeit ist Ratezeit. Hier gehts ums Vorstellungsvermögen. Die Kinder sitzen vor einem Koffer. Die Erzieherin nimmt hinter dem aufgeklappten Deckel einen Gegenstand in die Hand und beschreibt ihn nach Form, Farbe und Tastempfinden. Das Kind, das den Gegenstand zuerst herausfindet, darf als nächstes einen neuen Gegenstand beschreiben.

Spielqualität: Vorstellungsvermögen, Aufmerksamkeit, Ratespaß.

23 Hindernisrodeln

Material: Schlitten; Plastikeimer, Fähnchen; eventuell kleine Preise.

Auf einer möglichst breiten Rodelbahn bauen wir verschiedene Hindernisse aus Plastikeimern, Fähnchen und größeren Schneebällen auf. Diese sollen bei der Abfahrt passiert werden. Wer schafft es, keines der Hindernisse mit seinem Schlitten zu berühren? Für die Sieger der jeweiligen Durchgänge kann es auch eine kleine Belohnung geben.

Spielqualität: grobmotorische Geschicklichkeit, Reaktion, Spaß.

Gedächtniskünstler 24

Material: Tablett mit etwa 10 verschiedenen Gegenständen, Tuch zum Abdecken.

Auf einem Tablett liegen etwa 10 Gegenstände. Ein Spieler schaut sich diese Gegenstände genau an. Dann verlässt er den Raum. Die Erzieherin nimmt nun einen oder mehrere Gegenstände weg. Wieder hereingerufen soll sich das betreffende Kind beim erneuten Anschauen erinnern, was auf dem Tablett fehlt. Je nach Alter der Kinder lässt sich die Anzahl der Gegenstände auch erhöhen.

Variationen: Die Gegenstände können auch auf einem Tisch in der Mitte des Spielkreises ausgebreitet und nach kurzer Beobachtungszeit mit einem Tuch bedeckt werden. Der Tisch kann aber auch an einer Wandseite stehen. Die Teilnehmer gehen dann nacheinander daran vorbei.

Spielqualität: Beobachtungsfähigkeit, Konzentration, Gedächtnis.

Das doppelte Lottchen 25

Material: Quadrate aus Tapetenmuster zum Umhängen.

Die Kinder gehen seitwärts im Kreis, den Rücken zur Mitte gewandt. Jedem Kind hat die Erzieherin ein Quadrat (15 × 15 cm) aus einer Tapete um den Hals gehängt. Von jedem Muster gibt es zwei solcher Quadrate, von einem Muster aber nur ein einziges. Alle Kinder sprechen im Gehen: »Wir gehn im Kreis herum und sehen uns nicht um.« Klatscht die Erzieherin in die Hände, drehen sich alle um und suchen ihren Partner mit dem gleichen Schild. Ein Kind bleibt übrig. Es trägt das einzelne Tapetenstück. Die anderen sagen zu ihm: »Du armes Lottchen, bist ja ganz allein und kannst nicht richtig fröhlich sein!« Dann werden die Quadrate gewechselt. Das Spiel beginnt von neuem.

Variation: Es können auch verschiedenfarbige Wäscheklammern benutzt werden.

Spielqualität: Form- und Farbenkenntnis, Reaktion.

26 Da hat sich was verändert!

Alle Mitspieler sitzen im Kreis und schauen sich gegenseitig genau an. Felix wird dann hinausgeschickt. In der Zwischenzeit verändern eine oder mehrere der im Kreis verbliebenen Kinder etwas an sich: eine Brille wird aufgesetzt oder abgelegt, 1 Kleidungsstück wird getauscht. Dann kommt Felix wieder herein und muss erraten, an welchen Personen sich etwas verändert hat. Als Hilfe kann ihm das Klatschen der übrigen Mitspieler dienen, das leise oder laut ist, je nachdem wie nahe er seinem Ziel ist. Dann geht ein anderes Kind hinaus und eine neue Spielrunde beginnt.

Spielqualität: Beobachtungsfähigkeit; Merk- und Konzentrationsfähigkeit

27 Musikmalerei

Material: siehe Spielverlauf.

Musik wird als Bewegung erlebt, die z.B. im Tanz zum Ausdruck kommt. Der Rhythmus kann auch als Form und Farbe empfunden und ausgedrückt werden. In jeder Altersgruppe lassen sich »Klangbilder« herstellen, in denen Rhythmen und Klänge ausgelebt und sichtbar gemacht werden.

Jeder Spieler erhält 1 großen Malbogen (oder ein Stück von der Tapetenrolle), der mit angerührtem Kleister eingestrichen wird. Als Stimulanz wird vom Plattenspieler oder Kassettenrekorder eine rhythmusbetonte Musik gespielt. Nun bekommt jeder Spieler 2 (beliebige) Erdfarben, die auf der Malunterlage mit den Fingern vermischt und vermalt werden. Dabei überlassen sich die Spieler ganz dem Rhythmus der Musik. Es kann eine Weile dauern, bis die Kinder gelöst sind.

Variationen:

1) Statt Erdfarben werden direkt auf den Kleister mit Wasserfarben Muster oder Streifen gemalt. Nach dem Trocknen kann das Bild mit farbloser Schuhcreme eingerieben werden. Es erhält so einen besonderen Glanz.

2) Das Spiel lässt sich auch mit nur einer Farbe durchführen, wobei mit alten Gabeln, Kämmen oder Teigrädchen Muster eingezeichnet werden.
3) Es lassen sich auch Geräusche symbolisieren, die von einer Kassette abgespielt werden, z.B. Sturm, brausende Wellen oder Regen.

Spielqualität: Wahrnehmungsfähigkeit; Konzentration; differenzieren von Tonklängen und Melodiebögen; Fein- und Grobmotorik; Vorstellungskraft, Kreativität.

Gleich krachts 28

Material: beliebige Gegenstände (eventuell Schuhe der Kinder).

Alle möglichen Gegenstände werden im Spielraum aufeinander gehäuft. Ein Kind verlässt den Raum. In der Zwischenzeit wählen die anderen einen Gegenstand aus, der die »Bombe« sein soll. Danach kehrt das Kind in den Raum zurück; es muss so viele Gegenstände wie möglich aufheben. Währenddessen rufen die Kinder unablässig »tick, tack«. Sobald das Kind die »Bombe« nimmt, ruft jemand »Bumm!« Anschließend kommt ein anderer Spieler an die Reihe und verlässt den Raum. Wem gelingt es, die meisten Gegenstände einzusammeln, bevor die »Bombe« explodiert?

Spielqualität: Spannung, Beobachtung, Spaß.

Reisegeschichte 29

Die Kinder müssen aufmerksam zuhören, wenn die Erzieherin eine ausgedachte Geschichte von einer Reise erzählt, in der so viele Dinge und Personen vorkommen, wie die Gruppe Kinder hat, und die möglichst oft und schnell wechselnd auftauchen. Zu Beginn erhält jedes Kind eine Rolle (z.B.: Du bist die Eisenbahn; du bist das Wasser; du bist der alte Mann; du bist die Parkbank usw.). Jetzt erzählt die Erzieherin ihre Geschichte. Immer wenn eine Rolle in der Geschichte genannt wird, steht das betreffende Kind auf, dreht sich einmal um sich selbst und setzt sich wieder hin. Wer seine Rolle überhört hat, setzt sich vor seinen Stuhl und darf dann erst wieder auf ihm Platz nehmen, wenn seine Rolle erwähnt wird.

Spielqualität: Aufmerksamkeit, genaues Zuhören, Reaktion.

30 Zwiebackballon

Material: Luftballons und Zwieback (Kekse).

Dieses Spiel lässt sich für die etwas größeren Kinder als lustiger Wettkampf. z.B. auf dem Faschingsfest veranstalten. Jeder Spieler bekommt einen Zwieback und einen Luftballon. Beim Startzeichen müssen alle versuchen, so schnell wie möglich den Zwieback zu essen und danach den Luftballon aufzublasen, und zwar so lange, bis er platzt. Welcher Spieler bringt den Ballon zuerst zum Platzen?

Spielqualität: Geschick, Schnelligkeit, Reaktion.

31 Der Hut geht rum

Material: 1 Hut, Musik.

Auch ein Spiel für die Faschingszeit. Die Kinder sitzen im Kreis und hören Musik. Dabei setzen sie sich immer für einen Augenblick den Hut auf den Kopf und reichen ihn dann schnell an den Nachbarn weiter. Sobald die Musik ausgeht, muss das Kind, das zu diesem Zeitpunkt den Hut auf dem Kopf trägt, ein Pfand leisten, das die Gruppe bestimmt. Dann setzt die Musik wieder ein und der Hut macht erneut die Runde.

Spielqualität: Reaktionsvermögen, Spaß.

32 Tönender Teller

Material: 1 Teller (eventuell Plastikteller) 1 Trommel (Klangholz).

Die Kinder sitzen im Stuhlkreis. Sie beobachten einen von der Erzieherin gedrehten Teller. Zuerst beginnt er sich leise zu drehen, wird dann beim Fallen immer schneller und lauter. Der dynamische Ablauf wird von den Kindern klatschend begleitet. Eine Trommel kann eingesetzt werden. Der Reihe nach darf jedes Kind den Teller einmal drehen.

Variationen: Die Bewegungen des Tellers werden durch Klopfen oder Trampeln oder mithilfe der Trommel begleitet. Statt eines Tellers kann ein Reifen gedreht werden.

Spielqualität: Das Kind nimmt Zeitordnungen wahr (langsam – schnell – langsam – kurz – lang).

Stuhljäger 33

Material: Stühle, Musik.

Ein Stuhlkreis wird so gestellt, dass die Sitzfläche der Stühle nach außen zeigt. Es sind 2 Stühle weniger vorhanden als Kinder. Zur Musik gehen nun Paare im Uhrzeigersinn um den Kreis herum, dabei darf der Partner nicht losgelassen werden. Setzt die Musik aus, suchen sich die Paare zwei Plätze nebeneinander. Das übrig gebliebene Paar scheidet aus. Dann geht das Spiel weiter. Zum Schluss bleibt 1 Paar als Gewinner übrig.

Spielqualität: Reaktionsvermögen, Bewegungssicherheit, Kooperation mit dem Partner, Rücksichtnahme.

Auf dem Hühnerhof 34

Material: Reis- oder Maiskörner, Kekse.

Die Erzieherin hat Körner (Reis oder Mais) im Raum versteckt, die jetzt von den hungrigen Hühnern zu suchen sind. Sobald sie eines sehen, bringen sie es Korn für Korn der Bäuerin. Zur Belohnung erhalten sie von ihr einen Keks und dürfen weitersuchen, bis alle Körner gefunden sind.

Spielqualität: Beobachtung, Spaß am Suchen.

Hühnchen rupfen 35

Material: 10 Wäscheklammern oder Papierfetzen mit Tesaband, Augenbinde.

Ein Kind schlüpft in die Rolle eines Hühnchens. Ihm werden die Augen verbunden und 10 Federn (Wäscheklammern oder Papierfetzen) an der Kleidung befestigt. Die anderen Kinder versuchen nun, so viele Federn wie möglich zu rupfen. Wer vom Hühnchen berührt wird, tritt beim nächsten Spieldurchgang an seine Stelle.

Spielqualität: Reaktion, Spielspaß.

36 Vermummte Runde

Material: Kleidungsstücke und Tücher.

Ein Kind wird aus dem Zimmer geschickt, die anderen verkleiden sich. Sie nehmen lange Schals, Mützen, Decken, Tücher usw. und verkleiden sich so sehr, dass nur noch die Augen zu sehen sind. Sind alle verhüllt, wird das Kind wieder hereingerufen. Die Vermummten dürfen nicht lachen und nicht reden. Wer erkannt wird, gibt ein Pfand.

Spielqualität: fantasievolles Verkleiden; erkennen und wahrnehmen des Anderen, Vorstellungsvermögen.

37 Zungenbrecherische Schnellsprechsätze

Schnellsprechsätze bzw. »Zungenbrecher« werden von der Erzieherin oder einem Kind zunächst langsam aufgesagt und langsam nachgesprochen. Dann steigert sich das Sprechtempo, bis es vor lauter Versprechern und Lachen nicht weitergeht. Welches Kind schafft es, einen der nachfolgenden Sätze dreimal fehlerlos aufzusagen?

- Aal aß er, Tee trank sie.
- Kleine Katzen und kleine Kinder kugeln gern mit Kugeln und Klinkern.
- Sieben Schneeschaufler schaufeln sieben Schaufeln Schnee.
- Es lagen zwei zischende Schlangen zwischen zwei spitzigen Steinen und zischten dazwischen.
- Es klapperten die Klapperschlangen, bis ihre Klappern schlapper klangen.

- Ein krummer Krebs kroch über eine krumme Schraube.
- Die Katze tritt die Treppe krumm, die Katze tritt die Treppe krumm.
- Kein klein Kind kann kein klein Kirschkern knacken.

Spielqualität: Freude am Wortspiel, Sprechtraining, Konzentration.

Lustiger Felix 38

Ein Kind fragt ein zweites »Hast du den lustigen Felix gesehen?« Darauf antwortet das andere Kind: »Ja!« – »Was tat er denn?« Nun darf das zweite Kind nicht antworten, sondern es muss hüpfend allerlei Gesten oder lustige Bewegungen vorführen, die von den anderen Kindern sofort nachgeahmt werden, bis ein Kind aus der Runde als Erster lacht. Dieses tritt dann vor einen nächsten Spieler und fragt wieder nach dem lustigen Felix.

Spielqualität: Spaß am Darstellen.

Raus aus der Burg! 39

Ein Tobespiel. Die Erzieherin hat auf den Boden 1 Seil gelegt und damit einen größeren Kreis gebildet. Das ist die »Burg«. Alle Kinder stehen in der Burg. Aber jeder wäre zu gerne einziger Burgherr oder Burgherrin, sodass die Spieler versuchen, sich gegenseitig aus dem Kreis zu drängen. Die Erzieherin achtet auf »Fairplay«.

Spielqualität: Grobmotorik, Reaktionsvermögen, Austoben, Spaß.

Zwei Februar-Minuten-Spiele 40

Material: 1 Stopp- oder Sanduhr, siehe Spielbeschreibung.

Die Erzieherin stellt die Aufgaben:

- »In der Mitte unseres Gruppenraumes steht 1 große Schachtel. Du hast 1 Minute Zeit, diese zu füllen! Du darfst aber immer nur ein Spielzeug nach dem andere holen.

- Schaffst du es, 1 Minute lang auf einem Bein zu stehen? (Für größere Kinder: Probiere es einmal auf den Zehen (nur ein Fuß)).

Die zweite Aufgabe lässt sich von mehreren Kindern parallel zur gleichen Zeit ausführen.

Spielqualität: Fein- und Grobmotorik, Körpergefühl, Spaß.

März

Fritz springt gern im Monat März
schon auf der Wiese rum.
Und ist das Wetter mehr ein Scherz,
so hauts ihn doch nicht um.

41 Lutscher aus Lübeck

Alle Kinder sitzen im Kreis. Ein Kind tritt vor einen beliebigen Mitspieler und sagt: »Ich bin ein Händler aus Lübeck und möchte Waren kaufen. Was bieten Sie mir an?« Der so Gefragte antwortet, indem er einen Artikel nennt, der mit dem gleichen Buchstaben wie Lübeck – also L – beginnt; z.B. Lutscher, Lampen, Liege, Luftmatratze, Lebkuchen, Linsen usw. Wurde eine richtige Antwort gegeben, wendet sich das Kind in der Mitte an beliebige andere Mitspieler mit der gleichen Frage. Eine Ware, die schon einmal genannt wurde, darf nicht wiederholt werden. Ein Kind, das keine Antwort weiß, kommt in den Kreis und wird zum Händler. Es kann jetzt, muss aber nicht, seinen Handelsort wechseln; z.B. statt Lübeck, Frankfurt, München, Freiburg oder Weinheim wählen. Die Waren in Weinheim sind z.B. Wein, Webstühle, Wassereimer, Wolle, Wale, Wippen, Würstchen oder Wachsdecken.
Die Erzieherin weiß, was sie ihrer Gruppe zumuten kann und achtet darauf, dass nicht die ungebräuchlichsten Buchstaben des Alphabets gewählt werden.

Spielqualität: Konzentration, Wortschatzerweiterung, Spaß am Wortspiel.

42 Traumland

Die Erzieherin beginnt ein Gespräch, in dem sich die Kinder frei äußern und ihrer Fantasie freien Lauf lassen können.

Sie beginnt etwa: »Stellt euch einmal vor, es ginge auf unserer Welt anders zu als wir es gewohnt sind. Was wäre z.B., wenn im Traumland

- die Blumen auf den Wiesen aus Schokolade wären …
- die Gehwege und Straßen aus Gummi …
- die Autos fliegen könnten …
- die Äpfel aus Plastik …
- die Gurken aus Holz …
- die Wolken aus Watte …
- die Hausdächer aus Zuckerguss …
- das Gras aus Kaugummi …

- die Fenster und Türen aus Papier …
- das Wasser aus Sand …
- die Bäume aus Glas …?«

Die Kinder entwickeln im Stuhlkreis neue Fragen.

Spielqualität: Fantasie, Ideen äußern, Freude am Fabulieren.

Der Löwe ist los 43

Material: 1 beliebiger Gegenstand (vielleicht ein Plüschtier / Löw e).

Die Kinder stellen sich im Kreis auf. In der Mitte befindet sich 1 Plüschlöwe. Die Erzieherin flüstert jedem etwas ins Ohr. Sie kann irgendetwas flüstern, doch einem der Spieler flüstert sie zu: »Du bist der Löwe!« Anschließend gehen alle im Kreis herum, bis der Löwe plötzlich anfängt, in die Mitte des Kreises zu rennen, um den Plüschlöwen aufzuheben. Vorher versucht er, möglichst viele Spieler zu berühren. Alle, die getroffen sind, scheiden aus.

Spielqualität: Bewegung, Beobachten, Reaktion, Spaß.

Berg und Tal 44

Material: Tisch, 1 Münze.

An den beiden Längsseiten eines Tisches sitzen sich 2 Gruppen gegenüber. Die Spieler der einen Partei haben ihre Hände unterm Tisch, sie geben 1 Geldstück von Hand zu Hand weiter. Sobald die Gegengruppe ruft: »Berg«, müssen alle ihre Hände in die Höhe heben. Sie haben die Hände zu Fäusten geballt, damit man nicht sieht, in welcher Hand sich das Geld befindet. Nun ruft die Gegenpartei: »Tal«, und daraufhin müssen alle die flachen Hände auf den Tisch schlagen. Dabei spitzt die Gegengruppe die Ohren, um herauszuhören, in welcher Hand sich das Geldstück befindet. Zweimal dürfen sie raten. Raten sie richtig, wechselt das Geldstück auf die Gegengruppe über, und das Spiel geht weiter. Erraten sie es nicht, bleibt das Geldstück bei der Gruppe, die es hatte, und die Gegengruppe muss weiter raten.

Spielqualität: Reaktionsvermögen, Konzentration, Aufmerksamkeit.

45 Sendestörung

Für dieses Spiel wird die Gesamtgruppe in 3 Untergruppen aufgeteilt, und zwar in Sender, Empfänger und Störer. Die Sender und Empfänger setzen oder stellen sich in etwa 8–10 Metern Entfernung hin. Zwischen ihnen befinden sich die Störer, die den Nachrichtenverkehr behindern. Die Sender versuchen, den Empfängern eine kurze mündliche Nachricht zu übermitteln. Natürlich versuchen die Störer, sie daran zu hindern, indem sie einen Riesenlärm machen. Da müssen alle gut bei Stimme sein.

Spielqualität: genaues Zuhören, sich stimmlich abreagieren, Spaß.

46 Orchesterprobe

Die Gruppe sitzt im Stuhlkreis und murmelt, summt, pfeift oder klatscht ganz leise in die Hände oder trampelt ganz leise mit den Füßen. Die Erzieherin gibt Zeichen mit der Hand. Je nachdem, ob sie ihre Hand hochhebt oder ganz tief unten hat, werden die Geräusche lauter oder leiser. Vor Spielbeginn wird auch ein Zeichen für Stille ausgemacht. Die ganze Gruppe muss aufmerksam sein. Sie soll die mit der Hand gezeigten Nuancen so gut wie möglich wiedergeben können. Abwechselnd kann auch 1 Kind »Orchesterleiter« sein und die Handzeichen geben.

Spielqualität: Konzentration, Differenzierung, Wahrnehmung.

47 Uhrzeit-Gedächtnis

Material: 1 größere Uhr.

Die Kinder sitzen im Halbkreis. Die Erzieherin hält für alle gut sichtbar 1 Uhr hoch mit der Aufgabe, sich diese genau anzusehen. Nach etwa 1 Minute wird die Uhr beiseite gelegt, und die Erzieherin fragt:

– Wer weiß, wie spät es war?
– Sind Zahlen oder Striche auf dem Zifferblatt?
– Wie viel Zeiger hat die Uhr?

– Welche Farbe hat sie?
– Welche Form hat die Uhr?

Variation: Es können beliebige andere Gegenstände gezeigt und erfragt werden.

Spielqualität: Beobachtungsfähigkeit; Gedächtnis, Merkfähigkeit; Wissenserweiterung.

Zwei März-Minuten-Spiele 48

Material: 1 Stopp- oder Sanduhr, Papier, Buntstifte.

Die Erzieherin:

- »Stellt euch in einer Reihe auf (immer 3 Kinder). Der Erste beginnt mit einer Bewegung, die der Zweite und der Dritte nachmachen sollen. Jeder der beiden macht auch noch eine zusätzliche Bewegung. Wie viele verschiedene Bewegungen schafft ihr gemeinsam in einer Minute?
- Zerknüllt ein Blatt Papier! Danach streicht es wieder glatt und zieht die verschiedenen Falten mit einem Stift nach. Malt die Felder bunt an, und ihr werdet sehen, es entsteht ein wunderschönes Bild. Dazu habt ihr 1 Minute Zeit!«

Spielqualität: Grob- und Feinmotorik, Fantasie, Ideen umsetzen.

Ballonfahrer 49

Material: Luftballons.

Die Gesamtgruppe wird in mehrere Mannschaften mit je 4–5 Spielern aufgeteilt. Jede Mannschaft bildet 1 Kreis, in dem sich alle fest an den Händen halten. Dann erhält jede Gruppe 1 Luftballon, der möglichst lange in der Luft bleiben soll. Die Kinder dürfen alle Körperteile benutzen: Arme, Füße, Knie, um zu verhindern, dass der Luftballon den Boden berührt. Aber – und das ist wichtig: Die Hände dürfen dabei nicht losgelassen werden! Welcher Mannschaft gelingt es, den Luftballon solange wie möglich in der Luft zu lassen?

Spielqualität: grob- und feinmotorisches Geschick, Reaktion, Kooperation.

50 Zeig deinen Reichtum!

Material: pro Spieler 5 kleine Münzen oder Knöpfe bzw. Muggelsteine.

Jedes Kind erhält 5 kleine Münzen oder Knöpfe. Die Kinder stellen sich paarweise gegenüber auf und stecken die Hände in ihre Taschen oder halten sie auf dem Rücken. Auf das Stichwort: »Zeig her!« halten sie dem Partner die geschlossene Hand hin, in der einige oder alle Pfennigstücke verborgen sind. Wer die Anzahl der Münzen richtig errät, darf im Spiel bleiben. Stimmt die geratene Zahl nicht, darf der im Spiel bleiben, der der tatsächlichen Anzahl am nächsten kam. Die Kinder, die richtig geraten haben, bilden erneut Paare, bis sich zuletzt das Paar der »Besten« misst.

Spielqualität: unterscheiden größerer und kleinerer Mengen. Zählen von 1–5.

51 Verzauberte Zeichnung

Material: Papier, Malstifte.

Fritz ist der Zeichner. Er fertigt eine Zeichnung an und lässt sie die anderen Spieler eine 1/2–1 Minute lang betrachten. Dann dreht er sich um und ändert an der Zeichnung etwas ab, indem er beispielsweise etwas hinzufügt. Der Spieler, dem zuerst auffällt, was geändert wurde, übernimmt jetzt die Aufgabe des Zeichners.

Spielqualität: Ideenreichtum, Beobachtung, Originalität.

52 Beruferaten

Ein Kind steht in der Mitte des Kreises und wird aufgefordert, sich einen Beruf und die dazugehörigen Materialien (z.B. Handwerkszeug) auszudenken. Es nennt den anderen nun die Dinge, die bei der Arbeit benötigt werden (z.B. Nadel, Pinsel, Löffel usw.). Die Kinder müssen erraten, in welchem Beruf diese Gegenstände benötigt werden. Wer es zuerst weiß, stellt die nächste Aufgabe.

Variation: Das Kind macht Bewegungen, die den Beruf erkennen lassen.

Spielqualität: Kenntnisse über verschiedene Berufe. (Die Erzieherin hilft durch entsprechende Erläuterungen.)

Die Maus frisst den Elefanten 53

Material: Stühle.

Aktiv gehts bei diesem Spiel zu, für das wir 2 Stuhlreihen mit den Rückenlehnen gegeneinander aufstellen. Bis auf einen Spieler bekommt jedes Kind 1 Stuhl. Nun gibt sich jedes Kind 1 Tiernamen. Der stehende Spieler ruft laut: »Der Löwe frisst den Affen.« Schnell springen diese beiden Kinder auf und versuchen, die Plätze zu tauschen. Die Gelegenheit ist jetzt günstig, einen der Stühle zu erwischen. Der nächste »Ausrufer« ist das Kind ohne Stuhl, der jetzt z.B. rufen kann: »Die Maus frisst den Elefanten.«

Spielqualität: Konzentration, Reaktion, grobmotorisches Geschick, Wendigkeit.

Wer steckt unter dem Laken? 54

Material: 1 Bettlaken je Spieler.

Jedes Kind erhält 1 Bettlaken, das es sich über den Kopf zieht. Dann gehen alle schweigend (!) im Raum umher und versuchen, durch fühlen und tasten zu erraten, wer jeweils unter dem Laken steckt.

Variation: 1 Kind verschließt die Augen und wird von einem »Blindenführer« behutsam durch den Raum geführt. Die »Blinden« versuchen, sich gegenseitig durch befühlen und tasten zu erraten.

Spielqualität: behutsames miteinander umgehen; Sinnesbereich tasten; Beobachtung; Wahrnehmung.

55 Zahlentanz

Material: Musik (Kassette, CD, Schallplatte).

Ein Spiel für die ganze Gruppe. Alle tanzen im Kreis zur Musik. Plötzlich schaltet die Erzieherin sie aus und nennt eine Zahl von 1–10 (je nachdem, welche Zahlen beherrscht werden), z.B. die 5. Die Kinder müssen nun versuchen, sich möglichst schnell in Fünfergruppen zusammenzufinden. Wem das nicht gelingt, scheidet aus. Sofort setzt die Musik wieder ein, bis die Erzieherin eine neue Zahl nennt. Sieger sind die beiden letzten Spieler, die übrig bleiben.

Spielqualität: genaues Zuhören, Konzentration; Reaktion, Wendigkeit.

56 Schmetterlingsfänger

Die Mehrzahl der Kinder fasst sich an den Händen und bildet 1 Kreis. Die übrigen Kinder sind die Schmetterlinge, die soeben eingefangen wurden und jetzt versuchen, aus dem Netz – dem Kreis – zu entkommen. Das Netz muss sich bewegen und die Schmetterlinge entweder fester einschließen oder durchlassen.

Spielqualität: grobmotorisches Geschick, Kooperation, Sozialverhalten.

57 Lustige Busreise

Je 4–5 Kinder (entsprechend der Gesamtteilnehmerzahl) bilden 1 Reihe; sie hängen sich aneinander, indem sie die Schulter oder Taille des Vordermannes anfassen.

Das vorderste Kind ist der »Omnibusfahrer«. Er darf die Geschwindigkeit und Fahrtrichtung bestimmen. Gleich wie schnell die Fahrt ist, die durch Geräusche (Hupen, Bremsen usw.) begleitet wird, es darf keiner den Vordermann loslassen, sonst muss er ausscheiden. Dem »Busfahrer« kann dies geschehen, wenn er mit einem anderen »Bus« zusammenstößt.

Variationen: Zusätzlichen Wert erhält das Spiel durch das Einführen von Verkehrsregeln (rechtsfahren, beachten der Vorfahrt) bei Kindern ab 5 Jahren.

Spielqualität: Fähigkeit zum freien sich äußern und bewegen; nachahmen von Bewegungen; Verkehrserziehung.

Das Anglerspiel 58

Material: 20–30 leere Toilettenrollen, 2 gleiche Stäbe (75–100 cm).

Die Gruppe sitzt im Kreis und wird in 2 zahlenmäßig gleich starke Halbkreise geteilt. Am Anfang und am Ende der Halbkreise sollte ein kleiner Zwischenraum sein. In der Mitte werden nun ca. 20–30 leere Toilettenpapierrollen geschüttet. Die Kinder, die am Anfang der Halbkreise sitzen, bekommen von der Erzieherin einen Stab. Auf »Los!« versuchen sie, von ihrem Platz aus eine Rolle zu fischen. Sobald sie eine haben, geben sie den Stab ihrem Nachbarn weiter. Der Halbkreis, der zuerst »durch« ist, hat gewonnen.

Spielqualität: manuelle Geschicklichkeit.

Grabbeltisch 59

Material: je nach Teilnehmerzahl ausreichend Buntstifte, leere Jogurtbecher, Papiertaschentücher, Korken.

Die Gruppe kniet im Kreis nieder und verschränkt die Hände auf dem Rücken. In der Mitte liegen beliebige Gegenstände kreisförmig angeordnet (Buntstifte, leere Jogurtbecher, Papiertaschentücher, Korken o. Ä.). Die Anzahl der Gegenstände ist im Vergleich zur Teilnehmerzahl um einen verringert. Die Erzieherin erzählt nun eine (improvisierte) Geschichte, in der von Zeit zu Zeit der eine oder andere Gegenstand auftaucht. Fällt ein solches Stichwort (z.B. »Buntstifte«), muss jeder Mitspieler versuchen, einen der mehrfach vorhandenen Gegenstände zu schnappen.

Zu Beginn des Spiels weist die Erzieherin darauf hin, vorsichtig zu sein, damit es zu keinen Zusammenstößen kommt!

Spielqualität: Reaktionsvermögen; vorsichtiges Umgehen der Kinder miteinander.

60 Flaschenquiz

Material: Flasche.

Die Kinder sitzen im Kreis. In der Mitte liegt eine Flasche. Ein Kind dreht die Flasche und stellt gleichzeitig eine Frage aus einem vor Spielbeginn festgelegten Themengebiet (z.B. aus dem Bereich »Natur«: »Welches Tier hat Flossen, viele scharfe Zähne und lebt im Ozean?«). Ist die Frage von dem Kind, auf das die Flasche zeigte, beantwortet worden, so darf dieses eine weitere Frage stellen. Wer nicht antworten kann, gibt ein Pfand.

Spielqualität: Reaktionsfähigkeit; Wissenserweiterung.

April

Eva weiß, dass der April
ihr Spiel durch Regen stört.
Denn dieser weiß nicht, was er will,
und das ist unerhört.

61 Schatzsuche

Material: siehe Spielverlauf.

Eva und die anderen Kinder haben Glück. An diesem regenfreien Apriltag geht die Erzieherin mit ihnen draußen auf Schatzsuche. Zuvor aber sagt die Erzieherin noch, welche Eigenschaften der bzw. die zu suchenden Schätze haben sollen. Sie sagt z.B.: Sucht einen Schatz, der

- eine Rinde hat,
- steinhart ist,
- ganz weich ist,
- eine raue Schale hat,
- krabbelt,
- ein Gehäuse hat,
- gut riecht,
- gut schmeckt.

Die Erzieherin kann auf Dinge zurückgreifen, die sich in der Natur finden (Steine, Wurzeln, Moos, Blätter, Schneckengehäuse, Obst usw.) oder gezielt für das Spiel Dinge verstecken. Sollte es doch regnen, können die Kinder das Spiel auch im Gruppenraum oder im ganzen Kindergarten durchführen.

Spielqualität: Wahrnehmung, Erkennen und Differenzieren, Spaß beim Suchen.

62 Zwei April-Minuten-Spiele

Material: 1 Stopp- oder Sanduhr, zuckerfreies Kaugummi, Tuch zum Augenverbinden.

Die Erzieherin:

- »Wie viele Blasen schafft ihr mit einem Stück Kaugummi (zuckerfreiem natürlich) in 1 Minute? (Alternativ: Wer schafft die größte Blase, ehe die Zeit um ist?)
- Wie viele Kinder aus dieser Gruppe kannst du innerhalb 1 Minute mit verbundenen Augen erkennen?«

Spielqualität: Spaß und Wahrnehmung.

Indianerzelt 63

Material: eventuell Handtrommel.

Die Kinder stellen sich in einem äußeren und einem inneren Kreis auf. Im äußeren Kreis sind die Spieler in der Mehrzahl. Der innere Kreis steht in Seitgrätschstellung. Nun laufen die Spieler des äußeren Kreises um den inneren Kreis herum. Auf ein akustisches Zeichen der Erzieherin (Ruf, Handtrommel), versucht jeder Läufer ins »Indianerzelt«, d.h. durch die gegrätschten Beine der Kinder in den Innenkreis zu gelangen. Einige Kinder haben das »Indianerzelt« nicht gefunden und müssen beim nächsten Spielgang noch einmal mitlaufen. Nun werden die Kreise gewechselt, d.h. wer im Innenkreis war, muss außen laufen und umgekehrt.

Variationen: Kriechen, Seitengalopp

Spielqualität: Reaktionsfähigkeit, Konzentration; Bewegungssicherheit, erleben verschiedener Bewegungsarten.

Ich kaufe ein im Supermarkt 64

Die Kinder sitzen im Stuhlkreis. Die Erzieherin beginnt. »Ich kaufe ein im Supermarkt. Ich lege in den Wagen: Ein Brot …« Der Satz wird durch die Kinder wiederholt und erweitert, z.B. »eine Gurke …, ein Stück Butter …« usw. Sieger ist, wer als Letzter den Satz ohne Fehler nachsagen und noch erweitern kann.

Variation: »Ich gehe in den Zoo. Dort sehe ich: Ein Krokodil …«

Spielqualität: Satzbildung durch Erweitern der Sätze; Konzentrationsfähigkeit und Gedächtnis.

Ostereierditschen 65

Material: 2 Besenstiele, 1 Kiste, ausgeblasene Eier.

Für dieses alte Kinderspiel zur Osterzeit werden 2 Besenstiele dicht nebeneinander mit dem einen Ende in die Erde gesteckt. Die anderen Enden ruhen auf einer Kiste. So entsteht zwischen den beiden Stielen eine schräge Rinne. Hier lässt man nacheinander Ostereier herunterrollen. Sie bleiben unten liegen. Wenn ein Ei nach dem Herunterrollen ein unten liegendes Ei anstößt – also anditscht, dann bekommt der Besitzer des heruntergerollten Eies das angeditschte Ei.

Spielqualität: feinmotorisches Geschick, Glück, Spaß.

66 Tanz der Vampire

Material: Reifen.

Mutig, wie wir sind, haben wir uns ins Land der Vampire begeben. Jedes Kind steht aufrecht in einem Reifen. Er ist ein »Schloss«. Die Reifen werden in nicht zu engem Abstand auf dem Spielfeld verteilt. Ein Spieler ist der »Obervampir«. Ruft er: »Ich habe Durst!«, müssen alle Spieler zu einem anderen Schloss – also Reifen – laufen. Der Vampir versucht, sie zu berühren. Wer getroffen ist, muss sich in seinen Reifen setzen. Gewonnen hat das Kind, das zuletzt übrig geblieben ist.

Spielqualität: Reaktion, Gewandtheit, Schnelligkeit.

67 Noch mehr Zungenbrecher

Die Kinder versuchen, jeden Schnellsprechsatz fehlerfrei dreimal hintereinander zu sprechen

- Esel essen Nesseln gern, Nesseln essen Esel gern.
- In Ulm und um Ulm und um Ulm herum.
- Die Bürsten mit schwarzen Borsten bürsten besser als die Bürsten mit weißen Borsten.
- Wer nichts weiß und weiß, dass er nichts weiß, weiß vielmehr als der, der nicht weiß, dass er nichts weiß.
- Der Mondschein schien schon schön.
- Achtundachtzig achteckige Heringsköpfe.
- Große Krebse krabbeln im Korbe. Im Korbe krabbeln große Krebse.

Spielqualität: Konzentration, Sprachtraining, Spaß am Wortspiel.

Ostereiertänzer 68

Material: Kreise, ausgeblasene Eier.

Die Erzieherin hat auf dem Boden 1 großen Kreis aufgemalt. Er soll ein Nest darstellen. Die Kinder stellen sich als Tänzer in gleicher Entfernung zum Nest auf. Vor den Füßen jedes Tänzers befindet sich 1 ausgeblasenes Ei. Auf einem Bein hüpfend versucht jedes Kind, mit seinem anderen Fuß das Ei in den Kreis zu rollen. Wer das Ei zerbricht, beginnt von neuem. Wem gelingt es, das Ei heil ins Nest zu befördern?

Spielqualität: motorisches Geschick, Körperbeherrschung, Spaß.

Drachenschwanzfangen 69

Material: 1 Tuch, Sicherheitsnadel oder Tesaband.

Wir wollen einen Riesendrachen entstehen lassen. Dafür stellen sich möglichst viele Kinder hintereinander in einer Reihe auf und umfassen die Hüfte ihres vorderen Mitspielers. Der riesige Drachen erhält an seinem Schwanz – es ist der letzte Mitspieler – ein Tuch befestigt, das der Kopf des Drachens ergattern muss. Das lustige Fangen kann beginnen.

Spielqualität: Bewegungsspaß, Wendigkeit und körperliches Geschick.

Die Rieseneierkopfrasur 70

Material: Luftballons, Fingerfarben, Teppichschaum, Teigschaber, Eimer, Kittel.

Fast wie beim Frisör geht es bei diesem April-Spiel zu. Die Erzieherin hält für jedes Kind einen aufgeblasenen Luftballon bereit – den »Rieseneierkopf«. Es empfehlen sich mehrere Ballons als Ersatz.

Jedem Luftballon wurde zuvor ein einfaches Gesicht mit Fingerfarben aufgemalt. Ein mit Teppichschaum gefüllter Eimer steht außerdem bereit. Die Kinder ziehen einen Kittel (altes Hemd) an und bekommen einen Teigschaber in die Hand. Die Luftballons werden gut eingeseift und nun mit dem Teigschaber sauber rasiert. Wer schafft es besonders schnell, ohne dass der Ballon platzt?

Spielqualität: Spaß, Förderung der Feinmotorik.

71 Murmelwettbewerb

Material: Kreide oder Stock, 1 Beutel Murmeln.

Die Kinder malen auf dem Boden 1 Kreis von 3 Schritten im Durchmesser. In der Mitte des Kreises wird ein kleinerer Kreis gezeichnet. In diesen Kreis legt jeder Mitspieler 2 Murmeln. Die Murmeln werden so ausgelegt, dass sie einander nicht berühren. Nun stellen sich die Mitspieler auf der äußeren Kreislinie auf, und nacheinander versucht jeder, mit einer Murmel die im inneren Kreis liegenden Murmeln so zu treffen, dass sie aus dem kleinen Kreis herausrollen. Jede Murmel, die aus dem kleinen Kreis herausgestoßen wird, gehört dem, der sie mit seiner Murmel angestoßen hat. Bleibt die Murmel, mit der man geworfen hat, im Kreis liegen, so darf man sie nicht zurückholen.

Spielqualität: feinmotorisches Geschick, Fingerfertigkeit.

72 Nuss an Nuss

Material: stumpfe (!) Messer, Schüsseln, Erdnüsse.

Die Spieler werden mit stumpfen (!) Tafelmessern ausgerüstet und in 2–4 gleich große Gruppen eingeteilt. In der Mitte des Raumes steht 1 Tisch mit je 1 kleinen Schüssel pro Gruppe. Rings um den Tisch liegen in gleichmäßiger Entfernung (2–3 Meter) gleich große Erdnusshäufchen auf dem Fußboden. Die ersten Spieler jeder Gruppe beginnen nun auf ein Zeichen hin, möglichst viele Erdnüsse auf ihr Messer zu bringen und diese in die jeweilige Schüssel zu leeren. Die Finger dürfen nicht zu Hilfe genommen werden. Das Spiel wird so lange durchgeführt, bis jedes Kind einmal an der Reihe war.

Spielqualität: Feinmotorik, Fingerfertigkeit.

Knopfzähler 73

Material: je Kind 5 Knöpfe.

Jedes Kind erhält 5 Knöpfe. Die Kinder gehen im Raum umher und geben einem anderen Mitspieler so viele Knöpfe, wie sie jeweils abgeben möchten bzw. loswerden wollen. Jedes Kind muss (!) die ihm angebotenen Knöpfe annehmen. Von Zeit zu Zeit ruft der Spielleiter »Halt!« und nennt eine Zahl zwischen 1 und 16. Jeder Spieler, der die genannte Anzahl Knöpfe in der Hand hält, bekommt einen kleinen Preis. Dann werden die Knöpfe neu aufgeteilt, d.h. jeder erhält wieder 5 davon, und ein neues Spiel beginnt. Die Knöpfe werden immer gemeinsam mit der Erzieherin gezählt.

Spielqualität: Sozialverhalten; Zählen.

Der Gefängnisaufseher 74

Dieses Spiel findet in einem »Gefängnis« statt. Ein Kind wird ausgewählt, den Aufseher zu spielen. Es sitzt auf einem Stuhl und beobachtet, wie die anderen Gefängnisinsassen ihre Arbeit verrichten (z.B. pantomimische Darstellung von Zeichnen, Schreiben, Malen, Wischen) oder etwas anderes tun. Plötzlich steht der Gefängnisaufseher auf und ruft: »Der Aufseher ist nicht da!« Und schon wird es lustig im Gefängnis. Alle lachen, singen, hüpfen, springen umher und tanzen. Plötzlich setzt sich der Gefängnisaufseher schnell wieder auf seinen Stuhl und ruft: »Der Aufseher ist wieder da!« Das Kind, das als Letztes beim Spielen und Tanzen erwischt wird, gibt ein Pfand oder scheidet aus.

Spielqualität: Fantasie; freies Bewegen, Fein- und Grobmotorik.

Leitermurmeln 75

Material: 1 Beutel Murmeln.

Die Kinder legen 10 (oder 20) Murmeln paarweise so auf dem Boden aus, dass sie die Form einer Leiter bilden. Jede Murmel ist von der anderen etwa 2 Handbreit entfernt. Für diese Leiter gibt jeder Mitspieler die gleiche Anzahl Murmeln her. Der Reihe nach versuchen die Mitspieler, eine Murmel zwischen die Sprossen der Leiter zu werfen. Alle Murmeln, die sich, vom Wurfmal aus gesehen, vor der geworfenen Kugel befinden, gehören dem, der geworfen hat. Die Leiter wird nach jedem geglückten Wurf von allen Spielern gemeinsam wieder aufgefüllt.

Spielqualität: feinmotorische Geschicklichkeit.

76 Brückenbauer

Die Kinder stellen sich im Kreis paarweise auf, reichen sich die Hände (mit gestreckten Armen) und bilden so eine Brücke. Ein überzähliger Spieler steht außerhalb des Kreises. Er schlägt ein Paar an und bleibt auf deren Platz stehen. Die beiden Spieler des angeschlagenen Paares laufen in entgegengesetzter Richtung durch die Brücken hindurch. Wer zuerst wieder auf seinem Platz ankommt, bildet mit dem Stehengebliebenen eine neue Brücke. Der andere schlägt ein neues Paar an usw.

Variationen: In verschiedenen Bewegungsarten durch die Brücken kriechen, trippeln, Zwergengang usw.

Spielqualität: Reaktionsfähigkeit; Kooperation, mit anderen Kindern in Beziehung treten; Bewegungssicherheit.

77 Zeichenrallye

Bei der Zeichenrallye laufen auf dem (bekannten!) Gelände 4–5 Kinder zusammen weg und kennzeichnen ihren Weg mit Zeichen und Hinweisen, die den »Verfolgern« deutlich machen, welchen Weg sie benutzen, welche Hindernisse zu erwarten und welche kleinen Aufgaben eventuell zu bewältigen sind (z.B. 10 Kieselsteine zu sammeln). An einem zuvor heimlich mit der Erzieherin abgesprochenen Ort hält sich die Gruppe jetzt ganz leise auf. Ob es der Verfolgergruppe gelingt, die anderen anhand der Markierungen aufzuspüren?

Spielqualität: Beobachtung, Wahrnehmung, visuelle Darstellung.

Wer-kann?-Spiele 78

Material: siehe Spielverlauf.

Die Erzieherin fragt die Kinder: Wer kann …
- unter einem Stuhl durchkriechen?
- eine Tierstimme nachmachen?
- ein bekanntes Lied singen?
- auf einem Bein stehen und bis 10 zählen (auch schon rückwärts?)
- zu einer gespielten Musik (Schallplatte, Kassette) dirigieren?
- miauen wie eine Katze?
- bellen wie ein Hund?
- einen Purzelbaum machen (oder drei hintereinander?)
- einen Keks essen und dazu pfeifen?
- vom Boden aufstehen, ohne dabei die Hände zu benutzen?

Die Aufgaben werden gemeinsam und einzeln von den Kindern ausgeführt.

Spielqualität: sich etwas zutrauen.

Eierwerfen 79

Material: Tischtennisbälle und Eierkartons, kleine Preise.

Natürlich wird bei diesem Spiel nicht mit echten Eiern geworfen, sondern mit Tischtennisbällen. Aus einer Entfernung von etwa 2 Metern müssen die Kinder den Ball in einen leeren Eierkarton werfen. Die Kartons können nummeriert oder farblich markiert werden. Der beste »Eierwerfer« erhält die meisten Punkte und vielleicht sogar ein kleines Schokoei von der Erzieherin.

Spielqualität: Geschicklichkeit, Feinmotorik, Körperbeherrschung, Spaß.

80 Umgedrehter Heringsschwanz

Alle Kinder stehen in einer Linie. Ein Spieler steht in 10 Metern Entfernung. Beim Aufsagen der Worte »umgedrehter Heringsschwanz« dreht er sich einmal um die eigene Achse. Die anderen sind währenddessen auf ihn zugeschlichen. Wer sich noch bewegt, wenn der »Heringsschwanz« sich voll umgedreht hat, muss zum Ausgangspunkt zurück. Wer den »Heringsschwanz« zuerst erreicht, löst ihn ab.

Spielqualität: Reaktionsvermögen, Beobachtungsfähigkeit, Körperbeherrschung.

Mai

Den Mai hat auch der Richard gern,
er bringt ihm Tage, lang und schön.
Der Sommer ist nun nicht mehr fern
zum Draußen-Spielen-gehn.

81 Schatzball

Material: 3 kleine Softbälle, leere Konservendosen oder Plastikflaschen, Kreide.

Richard und die anderen Kinder freuen sich. Endlich zeigt sich die Sonne so, dass man wieder richtig Freude hat, draußen zu spielen. Heute schlägt die Erzieherin vor, einmal »Schatzball« auszuprobieren. Dafür zieht sie mit Kreide oder Steinchen 2 Kreise: 1 großen von etwa 7 m Durchmesser, der 1 kleinen Kreis von etwa 3 m Durchmesser einschließt. Der kleine Kreis ist die »Burg«, in deren Mitte der »Schatz« ruht, z.B. eine Dosenpyramide oder etwas Ähnliches. Am Rande des kleinen Kreises stehen 3–4 »Burgwächter« des Schatzes. Sie dürfen das Innere des kleinen Kreises nicht betreten. Am Rande des größeren Kreises stehen beliebig viele »Räuber«. Auch sie dürfen ihre Linie nicht nach innen übertreten. Mit 3 Bällen wird nun versucht, an den Wachen vorbei den Schatz zu treffen. Die Burgwächter können mit allen Körperteilen abwehren. Punktsieger ist, wer von den Räubern die meisten Treffer erzielt.

82 *Spielqualität:* Geschicklichkeit, Reaktion, Körpergefühl.

Beruferennen

Ein Kind aus der Gruppe spielt pantomimisch einen Beruf vor. Die anderen Kinder stehen in einer Reihe. Der Darsteller befindet sich 3 Meter von den anderen entfernt. 20 Meter weiter ist ein Baum. Sobald die Mitspieler herausgefunden haben, um welchen Beruf es sich handelt, muss der Darsteller so schnell er kann zum Baum laufen. Die anderen rennen hinter ihm her und versuchen, ihn anzutippen. Wem es gelingt, übernimmt die Darstellerrolle.

Spielqualität: Darstellungsvermögen, Wahrnehmung, Grobmotorik, Reaktion.

83 Das Fischernetz

Zwei Gruppen stehen sich in 2 Reihen gegenüber – auf der einen Seite die Fischer und auf der anderen die Fische. Die Fischer haben ein großes »Netz«. Sie halten sich bei den Händen und versuchen, die Fische, die jetzt auf die andere Seite laufen, zu fangen. Die Fische wiederum versuchen, das Netz zu durchschlüpfen, was nicht immer gelingt. Sind alle gefangen, werden die Rollen getauscht.

Spielqualität: motorisches Geschick, Wendigkeit, Reaktion.

Zwei Mai-Minuten-Spiele 84

Material: 1 Stopp- oder Sanduhr, siehe Spielverlauf.

Die Erzieherin stellt die Aufgaben:

- »Macht eine Blitz-Schatzsuche. Findet 1 Spielzeugauto, 1 Kamm, 1 Schnürsenkel und 1 Teller und bringt sie zu mir. (Gemeinsam denken sich die Kinder weitere Schätze aus.)
- Wie viele Purzelbäume schafft ihr in 1 Minute auf dem Rasen (auf der Matte im Raum)?«

Spielqualität: Beobachtungsfähigkeit, grobmotorisches Geschick.

Luft, Wasser, Erde 85

Die in der Kreismitte stehende Erzieherin zeigt mit dem Finger auf einen Mitspieler und nennt eines der Elemente »Luft«, »Wasser«, »Erde« und beginnt dann sofort halblaut bis 7 zu zählen. Bevor sie bis 7 gezählt hat, muss der Angesprochene ein Tier nennen, das in dem genannten Element lebt, also bei »Luft« etwa Spatz, Amsel, Drossel usw. Gelingt ihm das, muss die Erzieherin ihr Glück bei einem anderen Mitspieler versuchen.

Es sollte darauf geachtet werden, dass Tiere nicht (bzw. nicht zu oft) wiederholt genannt werden. Schafft das angesprochene Kind es nicht, rechtzeitig ein Tier im richtigen Element zu nennen, klatscht der Spielleiter in die Hände. Alle müssen dann die Plätze tauschen. Dabei wird der Spielleiter versuchen, einen freien Stuhl zu erwischen. Wer keinen Platz erwischt, darf es jetzt als Spielleiter in der Mitte versuchen.

Spielqualität: Reaktionsvermögen; die Kinder lernen, Tiere den Elementen zuzuordnen.

86 Getroffen!

Material: 1 Softball.

Die Kinder stellen sich in 1 Reihe oder im Halbkreis auf und werfen abwechselnd auf einen etwa 6–8 Meter entfernt stehenden Spieler, der ihnen den Rücken zukehrt. Nach jedem Treffer dreht sich der »Getroffene« blitzschnell um und versucht zu raten, wer ihn getroffen hat. Der richtig geratene Spieler nimmt dann den Platz des »Getroffenen« ein.

Spielqualität: Schnelligkeit, Konzentration, Reaktion, Spielspaß.

87 Das Knotenspiel

Die Kinder halten sich an den Händen und bilden so eine lange Reihe. Zu gegebener Zeit verlässt 1 (möglichst älteres) Kind die Gruppe. In der Zwischenzeit verknotet sich die Reihe, indem die Kinder einander kreuzen, Kurven laufen, ohne dabei die Hände loszulassen. Sobald sich Anfang und Ende zu einem ordentlichen Knoten verwickelt haben, kann das Kind zurückkommen. Es muss nun versuchen – vielleicht mithilfe der Erzieherin – den großen Knoten zu entwirren, indem es seine Mitspieler dazu bringt, in die umgekehrte Richtung zurückzugehen. Wie lange wird die Entwirrung wohl dauern?

Spielqualität: Beobachtungsfähigkeit, Kombinationsgabe, Spaß.

88 Seilkünstler

Material: 1 langes Seil.

Ein Seil ist gerade auf dem Boden ausgelegt. Die Kinder stehen an 1 Seilende und führen der Reihe nach folgende Aufgaben aus:

- Die Kinder gehen auf dem Seil entlang (Fuß vor Fuß).
- Die Kinder gehen seitlich mit hohlen Füßen auf dem Seil entlang.
- Die Kinder hüpfen über das Seil.
- Die Kinder hüpfen beidfüßig um das Seil herum.

Nun wird das Seil etwa 50 cm über den Boden gehalten oder festgebunden. Die Kinder steigen und springen darüber. Es kann auch durchgekrochen werden. Diese Spielabläufe eignen sich schon für die Kleinsten in der Gruppe.

Spielqualität: Bewegungssicherheit; Kräftigung der Fuß- und Beinmuskulatur.

Fußköpfe 89

Material: Wasserfarben, Pinsel, Filzstifte, Kartonbögen, Küchenrolle (zum Abtrocknen der Füße).

Füße bringen uns durch dick und dünn, laufen meilenweit, halten uns aufrecht und beschweren sich selten. Die Kinder ziehen ihre Schuhe und Strümpfe aus und machen jeder auf Kartonpappe einen Fußabdruck. Dieser Fußabdruck dient als Schablone, der jetzt ein beliebiger Gesichtsausdruck verpasst wird (freundlich, traurig, wütend ...). Die fertigen »Fußgesichter« lassen sich für ein kleines Rollenspiel und anschließend als Raumschmuck verwenden.

Spielqualität: Gesamtmotorik, kreative Ideen umsetzen.

Besuch einer Fliege 90

Die Fliegen sind wieder da. Alle Kinder bilden am Boden 1 großen Sitzkreis und führen die Vorgaben der Erzieherin pantomimisch aus:

Wir beobachten eine Fliege, die ...
- ihre Kreise durch den Raum zieht,
- sich auf das Fensterbrett setzt,
- wieder losfliegt und direkt vor uns kreist.
- Sie setzt sich auf deinen linken Fuß,
- jetzt fliegt sie auf deine rechte Hand und du spürst, wie es kribbelt.
- Sie fliegt wieder im Raum umher und ist jetzt auf deiner Nasenspitze gelandet.
- Du musst niesen.

- Sie krabbelt auf deinem Knie,
- Du fängst sie, ohne dass ihr dabei etwas passiert.
- Du hörst sie in deiner Hand weitersurren.
- Nun öffnest du die Hand und siehst, wie die Fliege dir entgleitet, über deinen Kopf zur Decke fliegt und entschwindet.

Spielqualität: Entspannung, Vorstellungsvermögen wird angeregt.

91 Peanuts mit Stäbchen

Material: Erdnüsse, Schalen, Zahnstocher, 1 Würfel.

Auf dem Tisch steht 1 tiefer Teller mit Erdnüssen. Daneben liegen für jeden Mitspieler 2 Zahnstocher. Ein Würfel geht reihum, jeder darf einmal – oder nach Verabredung dreimal – würfeln. Wer eine 6 würfelt, bekommt den Teller zugeschoben; er darf mit zwei Zahnstochern Erdnüsse angeln und essen. Während er isst, wird weiter gewürfelt, und der Nächste, der die 6 würfelt, bekommt den Teller.

Spielqualität: manuelle Geschicklichkeit, Ausdauer, Geduld, Spaß.

92 Der Glöckner

Material: 1 Glocke, Augenbinden.

Alle Kinder haben die Augen verbunden bis auf eines: Es hat die Glocke. Die Kinder, deren Augen verbunden sind, müssen versuchen, den Spieler mit der Glocke zu berühren. Das ist aber nur möglich, wenn die Glocke ununterbrochen läutet. Wer den »Glöckner« berührt, darf ihn ablösen.

Spielqualität: akustische Wahrnehmung, Orientierung, Raumempfinden.

93 Wächter und Eindringlinge

Material: Fähnchen und Bänder zum Markieren.

Für dieses Rasenspiel stecken wir uns 1 quadratisches Feld von etwa 5 × 5 Metern ab. Es wird von 2 Wächtern bewacht. Die anderen

Kinder versuchen jetzt, in das Feld einzudringen. Wer dabei von den Wächtern abgeschlagen wird, muss auf der Stelle unbeweglich stehen bleiben. Die beiden Kinder, die bis zuletzt dabei sind, werden in der nächsten Runde Wächter.

Spielqualität: Grobmotorik, Wendigkeit, schnelles Reagieren.

Jogurtbechermemory 94

Material: siehe Spielverlauf.

Zunächst einmal benötigen wir etwa 10 Gegenstandspaare wie z.B. 2 Kastanien, 2 Murmeln, 2 Blätter, 2 Büroklammern o. Ä. Diese Dinge werden einzeln unter Jogurtbechern versteckt. Durch Anheben der Becher müssen die Paare gefunden werden. Jedes Kind darf 2 Becher heben. Wenn es 2 Dinge gefunden hat, darf es diese behalten und die nächsten Becher untersuchen, sonst kommt das nächste Kind an die Reihe.

Für besondere Festtage, z.B. Geburtstage, kann man auch kleine Geschenke unter den Bechern verstecken. Gut eignen sich auch für das Spiel ausgediente Hyazinthenhüte.

Spielqualität: Konzentration, Beobachtungs- und Wahrnehmungstraining.

Das Einkaufsspiel 95

Bei dem Diskussionsspiel geht es um die kleinen »Dauerlutscher« als Konsumenten. Über die »Was wäre, wenn …«-Fragestellung erfahren alle etwas über das Thema »Konsum und Werbung«, an dem Kindergartenkinder heute unmittelbar beteiligt sind. Immer wieder erstaunlich sind auch bereits kritische Anmerkungen der Kinder, wenn es um die Beeinflussung durch Werbung in den Medien geht. Die Erzieherin sitzt mit den Kindern im Kreis und stellt Fragen, zu denen sich jeder frei äußern kann.

Beispiele: Was wäre, wenn …
… es nur süße Sachen zu kaufen gäbe?
… alle Lebensmittel mehrfach verpackt wären?

… die Menschen alles kaufen würden, was ihnen die Werbung verspricht?
… in den Geschäften keine Müllcontainer stehen würden?

Spielqualität: Problem- und Kritikbewusstsein, freies Sprechen, Konzentration.

96 Ebbe und Flut

Material: Kreide zum Markieren oder Reifen

Mit Kreide wird 1 Insel auf den Boden gezeichnet, oder Reifen werden als Inseln ausgelegt. Jeder Reifen bzw. Kreis stellt 1 Insel für sich dar. Die Erzieherin erzählt eine Geschichte von einer Wattwanderung an der Nordsee, in der die Begriffe Ebbe und Flut (die zuvor natürlich zu klären sind) immer wieder vorkommen. Fällt das Wort Flut, müssen alle Wattwanderer eine Insel aufsuchen. Bei Ebbe darf weiter gewandert werden.

Spielqualität: Konzentration und Reaktionsvermögen, Wendigkeit.

97 Zwischen zwei Königen

Material: Kreide / Markierungshilfen, 1 Ball.

Ein schönes Spiel für die etwas größeren Kinder. Die Erzieherin zeichnet 1 Spielfeld von etwa 12 × 5 Metern (siehe Skizze) auf. Dann werden 2 Mannschaften gebildet, die sich jeweils in ihrem Feld aufstellen. Jede Mannschaft hat eine Königin bzw. einen König hinter den Spielern der anderen Mannschaft. Die Spieler der einen Mannschaft versuchen nun, die Spieler der gegnerischen Mannschaft mit dem Ball zu treffen. Fängt der König den, darf auch er versuchen, die anderen Spieler abzuwerfen. Wird ein Spieler vom Ball getroffen, muss er dem König der anderen Mannschaft helfen.

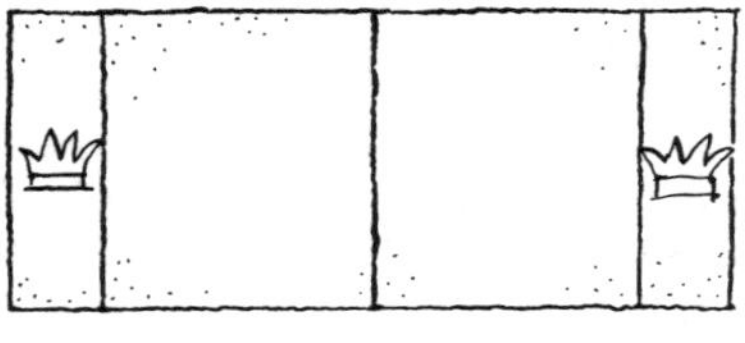

Gewonnen hat, wer am längsten auf dem Spielfeld bleibt, ohne getroffen zu werden.

Spielqualität: grobmotorisches Geschick, Wendigkeit, Reaktionsvermögen, Kooperation.

Wenn die bunten Fahnen wehen 98

Material: Fähnchen in 4 verschiedenen Farben, Musikinstrumente oder Kassettenrekorder.

An die Kinder werden Fähnchen in 4 verschiedenen Farben verteilt: z.B. rot, gelb, grün und blau. Die 4 Ecken des Spielraumes erhalten eine dementsprechende Farbkennzeichnung. Alle Kinder gehen nun mit ihren Fähnchen über das Spielfeld bzw. durch den Raum, bis 1 Signal ertönt. Jetzt muss jeder so schnell wie möglich in die Ecke mit seiner Farbe gehen. Der Wechsel findet zügig statt.

Variation: Die Fähnchen werden beim Umhergehen getauscht. Dabei kann Musik eingesetzt werden.

Spielqualität: Farbkenntnisse, Konzentration, Reaktionsvermögen.

Arche Noah 99

Material: Bildkarten mit einfachen Tiermotiven.

Alle Kinder erhalten 1 Bildkarte, auf der ein Tier abgebildet ist. Von jeder Tierart sind 2 Karten im Spiel. Jedes »Tier« (z.B. Frosch, Schlange, Adler, Hund, Katze) muss nun sein Gegenstück finden, indem es charakteristische Bewegungen ausführt.

Spielqualität: freies Bewegen; Beobachtungsfähigkeit, Erkennen und Zuordnen von Bildmotiven und Bewegungsabläufen; Wissenserweiterung.

100 Noch mehr Zungenbrecher

- Schneideschere schneidet scharf, scharf schneidet Schneideschere.
- Wir Wiener Wäscheweiber wollen weiße Wäsche waschen, wenn wir wüssten, wo weiches, warmes Wasser wär.
- Messwechsel – Wachsmaske
- Wenn Fliegen hinter Fliegen fliegen, fliegen Fliegen Fliegen nach.
- Der Schiffer sitzt auf seinem Schiff und schneidet Schinken.
- Als Anna abends aß, aß Anna abends Ananas.
- Metzger wetz dein Metzgermesser! Dein Metzgermesser wetz', Metzger!
- In der Frische fischten Fischer frische Fische.

Spielqualität: Freude am Wortspiel, Sprechtraining, Konzentration.

Juni

Der Peter liebts im Juni warm,
er trägt jetzt Hemden ohne Arm.
Macht schöne Fahrradtouren
und sucht als Indianer Spuren.

101 Schnappi

Material: Stock oder Kreide zum Markieren.

Ein Spiel, das Peter und die anderen Kinder aus seiner Gruppe immer wieder gerne spielen: In der Mitte eines längeren Spielfeldes wird mit 2 Strichen ein ca. 3 Meter breiter Laufstreifen aufgezeichnet. Zwischen den beiden Strichen befindet sich der schnelle »Schnappi«. Die Kinder stehen ihm gegenüber am Ende des Spielfeldes. Auf einen Ruf des schnellen »Schnappi« laufen die Kinder zur anderen Seite des Spielfeldes. Zwischen den beiden Strichen können sie vom »Schnappi« abgeschlagen werden. Wer gefangen ist, hilft ihm beim nächsten Spielgang.

Spielqualität: Reaktionsvermögen, Geschicklichkeit, Schnelligkeit.

102 Fantasiebauten

Material: gesammelte Gegenstände, Styroporplatte bzw. Tapete oder Tonpapier (ca. 80 × 80 cm), Klebstoff oder Leim, evtl. Tesafilm.

Während eines Spaziergangs sammeln die Kinder allerlei Dinge (z.B. Steinchen, kleine Äste, Naturmaterialien usw.), die ihnen schön oder interessant erscheinen. Im Kindergarten werden dann 2 Gruppen gebildet. Sie sollen aus den gesammelten Dingen gemeinsam etwas bauen. Hierzu bekommen sie ein bestimmtes Thema gestellt; z.B. »Stadt« oder »Spielplatz«. Als Bastelunterlage dient 1 Styroporplatte oder Tapete bzw. Tonpapier im Format von ca. 80 × 80 cm. Am Ende der Beschäftigung sprechen die Kinder darüber, was sie dargestellt haben. In der Fantasiestadt kann z.B. mit kleinen Figuren ein Rollenspiel inszeniert werden.

Spielqualität: Fantasie, Kreativität, Feinmotorik, Sozialverhalten (Gesammeltes der Gemeinschaft zur Verfügung stellen); Sprache.

Staffelball 103

Material: Je Staffel 1 Ball.

Es werden 2 oder mehrere Staffeln mit mindestens 5 Kindern gebildet. Jede Staffel erhält einen Ball. Auf Kommando geben die ersten Spieler jeder Staffel den Ball über den Kopf an den nächsten Spieler weiter. Dieses geht so lange, bis der Ball beim letzten Spieler der Staffel angekommen ist. Dieser läuft an den Anfang der Staffel und beginnt von neuem. Sieger ist die Staffel, deren ehemals erster Spieler zuerst wieder vorne steht.

Variationen: Der Ball wird durch eine Beingasse gerollt oder im Sitzen über den Kopf weitergegeben.

Spielqualität: Schnelligkeit, Kooperation, Reaktionsvermögen, Geschicklichkeit, Konzentration.

Pappenhinker 104

Material: 2 große Pappen (50 × 50 cm).

Die Erzieherin markiert 1 Strecke mit Start und Ziel. Bei Spielbeginn liegen 2 große Pappen 50 × 50 cm auf dem Boden. Jeweils 2 Kinder gehen an den Start. Der eine Spieler hat die Aufgabe, auf einem Bein von der einen Pappe zur nächsten zu hüpfen und solange auf einem Bein stehen zu bleiben, bis der andere Spieler die hintere Pappe wieder nach vorn bringt und der nächste Sprung erfolgen kann. Der Vorgang wiederholt sich, bis das Ziel (nach etwa 8 Metern) erreicht ist.

Spielqualität: Gleichgewichtsübung, Geschicklichkeit im gesamtmotorischen Bereich, Reaktion und Konzentration.

Kieselsucher 105

Material: Kieselsteine, Augenbinden.

Alle Kinder ziehen Schuhe und Strümpfe aus, dann verbinden sie sich die Augen. Auf dem Erdboden sind Kieselsteine verstreut. Die

Kinder müssen mit den Füßen tasten, bis sie die Kieselsteine wieder finden. Sobald ein Kind einen Kieselstein entdeckt hat, darf er ihn mit den Händen aufheben. Wer hat die meisten Kieselsteine eingesammelt?

Spielqualität: taktile Wahrnehmung, ungewöhnliches Erlebnis.

106 Fuchs und Hase

Material: 1 Ball, Kreide bzw. Markierungsmaterial zur Eingrenzung des Spielfeldes.

Eine Gruppe »Hasen« läuft auf einem abgesteckten »Feld« umher. 1 Kind, der »Fuchs«, hat einen Ball und versucht, die anderen damit abzuwerfen. Gelingt es ihm, sind sie ebenfalls »Füchse« und dürfen versuchen, mit anzuwerfen.

Spielqualität: Geschicklichkeit (Treffen), Ausdauer, Reaktionsfähigkeit, Sozialverhalten (Fähigkeit, mit der Gesamtgruppe in Beziehung zu treten).

107 Das Sachensucherspiel

Material: vorbereitete Suchlisten.

Hort- und Schulkinder erhalten 1 Liste, Kindergartenkinder bekommen die Dinge mündlich mitgeteilt oder aufgezeichnet, die sie, wie einst Pippi Langstrumpf, suchen sollen. Für die Kleineren sollte die Liste der zu sammelnden Dinge höchstens 5 Punkte umfassen.

Das könnten sein:
- etwas Lebendiges
- etwas besonders Weiches
- etwas besonders Umweltfreundliches
- etwas besonders Stacheliges
- etwas Glitzerndes u.a.m.

Die Kinder können auch zu zweit oder zu dritt gehen. Gelände bzw. Gebiet wurde vorher abgesprochen. Das hat den Vorteil, dass die

Kinder gemeinsam abklären müssen und die Relativität von Einschätzungen kennen lernen.

Spielqualität: bewusstes Wahrnehmen, Differenzierung, benennen können.

Hallo, Herr Jäger! 108

Ein Spieler geht um den Kreis herum und klopft einem anderen auf den Rücken. Der geht in der Gegenrichtung um den Kreis. Wo sie sich begegnen, geben sie sich die Hand: »Hallo, Herr Jäger!« Wer dann am schnellsten zur Lücke weitergerannt ist, darf bleiben. Der andere spaziert weiter um den Kreis.

Spielqualität: Reaktion, Schnelligkeit, grobmotorisches Geschick.

Adlerauge 109

Material: ausreichend viele Bildkarten.

Vor Beginn eines Spaziergangs oder einer Reise werden bekannte Motive aus Illustrierten geschnitten und auf Karten geklebt (z.B. Hund, Katze, Regenschirm, Haus usw.). Jeder Teilnehmer bekommt etwa 8–10 Karten. Wer nun während der Fahrt oder während des Spaziergangs einen Gegenstand sieht, der auf einer seiner Karten abgebildet ist, meldet sich und gibt die Karte dem Spielleiter ab. Wer am Schluss die wenigsten Karten besitzt, ist Sieger.

Spielqualität: Beobachtungsfähigkeit, Reaktionsvermögen.

Schachtelnasen ohne Schnupfnasen 110

Material: mehrere Hüllen von Streichholzschachteln.

Da es im Frühsommer stets weniger Schnupfnasen im Kindergarten gibt als zur feuchten Jahreszeit, kommt das »Schachtelnasenspiel« gerade recht. Wir teilen eine Gruppe in 2 gleich große Hälften. Jede bekommt die Hülle einer Streichholzschachtel. Die ersten Spieler jeder Gruppe stecken sich die Hüllen auf die Nase. Ohne Gebrauch der Hände sollen die Hüllen nun von Nase zu Nase wandern, bis sie wieder am Ausgangspunkt angekommen sind. Da die Hände nicht benutzt werden dürfen, ergeben sich bei diesem Spiel schöne Verrenkungen und Grimassen.

Spielqualität: Spaß, Geschicklichkeit, Kooperation.

111 Woraus besteht der Gegenstand?

Material: siehe Spielverlauf.

Die Erzieherin hat vor sich 1 Korb stehen, aus dem sie nacheinander Gegenstände herausgreift, sie hochhält und fragt: »Woraus ist der Gegenstand gemacht?« Wer es weiß, darf den Gegenstand an sich nehmen. Gewonnen hat, wer am Ende des Spiels die meisten Gegenstände vor sich liegen hat.

Wir wählen verschiedene Haushaltsgegenstände aus unterschiedlichem Material aus: Stoff, Metall, Holz, Pappe, Ton, Glas usw.

Spielqualität: Differenzierung, benennen können, Wissenserweiterung.

112 Wer kennt sich aus zu Haus?

Material: Augenbinde, beliebige Haushaltsgegenstände.

Jetzt geht es um das Erraten von Gegenständen aus dem Haushalt. Jörg werden die Augen verbunden. Dann legt ihm die Erzieherin der Reihe nach 3 bis 5 Gegenstände auf die ausgestreckte offene Hand. Das Kind muss raten, um welche Gegenstände es sich handelt. Es darf dabei weder die andere Hand zu Hilfe nehmen noch die Fühlhand bewegen. Als Materialien wählen wir z.B. Kamm, Bürste, Schwamm, Wäscheklammer, Teesieb, Gemüsereibe, Watte, Lappen, Tortenheber, Eierbecher usw.

Spielqualität: taktile Wahrnehmung, beschreiben können.

Verstecken mit Anschlagen 113

Durch einen Abzählreim stellen die Kinder fest, wer die anderen suchen muss. Das suchende Kind steht mit dem Gesicht zur Wand oder an einen Baum gelehnt und zählt mit lauter Stimme bis 10 (20 oder 30), während sich die anderen Kinder in nicht allzugroßer Entfernung verstecken. Nach Beendigung des Zählens ruft es laut: »Ich komme!« und beginnt zu suchen. Sieht es von seinem Platz aus ein Kind in seinem Versteck, ruft es seinen Namen. Das Kind darf dann nicht weiter weglaufen. Werden die einzelnen Kinder aber in ihren Verstecken aufgespürt, können sie sich durch Weglaufen und Anschlagen am Mal noch retten. Jedes Kind hat natürlich den Ehrgeiz, so viele Kinder wie möglich abzuschlagen. Wer zuerst abgeschlagen ist, muss beim nächsten Spieldurchgang suchen.

Die Kleinsten spielen die einfache Form des Versteckens. Bis auf ein Kind verstecken sich alle anderen. Das zuvor ausgewählte Kind sucht. Wer zuerst entdeckt wird, muss als nächster suchen.

Abzählverse:

Eene beene Rätsel,
Wer backt Brezel?
Wer backt Kuchen?
Der muss suchen.

Auf dem Klavier
steht ein Glas Bier,
wer daraus trinkt,
der stinkt.

Spielqualität: Spaß, Beobachtung, grobmotorisches Geschick.

Zwei Juni-Minuten-Spiele 114

Material: 1 Stopp- oder Sanduhr, siehe Spielverlauf.

Die Erzieherin stellt die Aufgaben:

- »Wer kann ein Kind aus der Gruppe erkennen, das sich unter der Decke versteckt? Ihr habt 1 Minute Zeit.
- Jedes Kind erhält die gleiche Anzahl von Holzstücken und eine Augenbinde. Mit verbundenen Augen soll nun versucht werden, innerhalb 1 Minute einen Turm zu bauen. Wer hat den höchsten Turm gebaut?«

Spielqualität: visuelle und taktile Wahrnehmungsförderung.

115 Bienenkönigin

Die Kinder bilden Paare und wählen 1 Bienenkönigin. Die Königin gibt verschiedene Anweisungen, zum Beispiel: »Haltet euch an den Händen fest!«, »hakt euch unter!«, »dreht euch auf der Stelle!«, »tanzt miteinander!« Wenn sie ruft: »Alle Bienen fliegen!«, laufen die Bienenpaare auseinander und suchen sich einen neuen Partner. Die Königin muss versuchen, eine alleinfliegende Biene zu berühren. Gelingt es ihr, bilden beide ein neues Paar. Neue Königin wird die Biene, die keinen Partner gefunden hat.

Spielqualität: Kooperation; Reaktionsvermögen.

116 Riechen und Schmecken

Material: siehe Spielverlauf.

Die Sommerzeit ist auch immer ein kleines »Fest der Sinne«, wenn es ums Riechen und Schmecken geht. Die Erzieherin hat verschiedene Früchte aufgeschnitten. Zuerst werden einheimische, ein anderes mal fremdländische Früchte zusammengestellt. Die Kinder raten mit verbundenen Augen. Riechproben: Apfel, Erdbeeren, Himbeeren, Johannisbeeren, Pflaumen, Weintrauben … Banane, Apfelsine, Ananas, Pfirsich, Aprikosen … Anschließend können die Früchte »erschmeckt«, am Ende der Raterunde vernascht werden.

Variationen: Gartengemüse ist zu erraten. Riech- und Schmeckbeispiele können sein: Gurke, Tomate, Sellerie, Kartoffel, Lauch, Karotte, Kohlrabi …

Spielqualität: sinnliche Wahrnehmung, Differenzierung, Konzentration, Genuss.

117 Zittermühle

Sommeranfang, Sonne, Übermut. Die »Zittermühle« ist ein schönes klassisches Kinderspiel für jeweils 2 gleich große Kinder. Sie fassen mit ausgestreckten Armen die Hände über Kreuz, stellen die Fußspitzen dicht zusammen, lehnen sich zurück – so weit die Arme es erlauben – und schwingen sich schnell und immer schneller werdend herum. Beim Drehen trippeln die Kinder schnell mit ihren Füßen. Dabei sprechen sie z.B. »Die Mühle geht langsam, die Mühle geht schnell und immer schneller, schneller, schneller ...« Irgendwann purzeln beide ins Gras.

Spielqualität: Spaß, Lebensfreude, Körpergefühl (Gleichgewicht).

Die weißen Haie 118

Material: 1 Stapel Zeitungen.

Die Kinder werden in 2 Mannschaften aufgeteilt: die Schiffbrüchigen und die gefräßigen weißen Haie. Jeder Schiffbrüchige steht auf einem Stück Zeitung. Die Haie gleiten zwischen die Schiffbrüchigen und versuchen, sie sinken zu lassen, indem sie so viel wie möglich von den Zeitungen abreißen. Doch sie können dabei berührt werden! Ein Hai, der zum zweiten Mal berührt wurde, scheidet aus. Kann sich ein Schiffbrüchiger nicht mehr auf seiner Zeitung (Rettungsinsel) halten, scheidet auch er aus. Sobald alle Schiffbrüchigen ertrunken sind, haben die Haie gewonnen. Werden jedoch alle Haie berührt, sind die Schiffbrüchigen die Sieger.

Spielqualität: grobmotorisches Geschick, Wendigkeit, Reaktion, Spaß.

Leuchtkäfer in der Nacht 119

Material: Taschenlampen.

Einmal im Jahr dürfen fast alle Kinder 1 Nacht in ihrer Einrichtung verbringen. Am Abend dieses Übernachtungsfestes können die ganz mutigen Kinder mit der Erzieherin ein Nachtgeländespiel spielen. Dazu sollten auch die Eltern eingeladen werden.

Je 2 Kinder (1 Kind und 1 Elternteil) bekommen 1 Taschenlampe und verstecken sich damit im Gelände. Sie zählen immer wieder langsam und leise bis 10 und geben dann ein Blinkzeichen. Die anderen Kinder der Gruppe (auch in Begleitung Erwachsener) suchen nun die »Leuchtkäfer«.

Mit Hort- und Schulkindern kann dieses Spiel auch in einem bekannten Park- oder Waldgelände gespielt werden. Kindergartenkinder bleiben besser im Kindergartengelände.

Spielqualität: Spannung, Abenteuer, Orientierung; Erleben einer nicht alltäglichen Situation.

120 Äpfel angeln

Material: 1 Plastikeimer, Wasser, Äpfel, Handtuch bzw. Küchentuch.

Ein beliebtes Spiel, für das wir Äpfel und 1 mit Wasser gefüllte Schüssel benötigen: In die Schüssel legt die Erzieherin 1 Apfel. Jedes Kind kann nun versuchen, den Apfel mit den Zähnen aus dem Wasser zu holen. Beide Hände bleiben dabei auf dem Rücken verschränkt. Die Mitspieler zählen unterdessen deutlich bis 15. Ist es bis zu diesem Zeitpunkt nicht gelungen, den Apfel herauszuziehen, kommt ein anderes Kind an die Reihe. Am Ende des Spiels findet ein gemeinsames Apfelessen statt, an dem alle beteiligt sind.

Spielqualität: Spaß, motorisches Geschick.

Juli

Im Juli wird es noch viel besser,
das weiß auch unsere Gisela.
Es ist Saison für Nusseisesser
und sehr viel Sonne ist jetzt da.

121 Spucki, das wilde Lama

Material: 1 Sprühflasche

Es ist mächtig heiß im Kindergarten, sodass die Kinder im Badeanzug herumlaufen. Jetzt brauchen Gisela und ihre Freunde nur noch 1 mit Wasser gefüllte Sprühflasche, und das erfrischende Sommerspiel kann beginnen. Ein Kind wird zum »Lama« ernannt und setzt oder legt sich mit der gefüllten Sprühflasche in der Hand auf den Rasen. Die anderen Kinder sind »Zoobesucher«, die das Lama nekken und ärgern, indem sie es z.B. mit Gras bestreuen, Grimassen schneiden oder kitzeln. Irgendwann hat das Lama die Nase voll, springt auf und »spuckt« alle Kinder, die es erreichen kann, aus seiner Sprühflasche nass. Das zuerst getroffene Kind wird neues Lama.

Spielqualität: Geschick, Reaktion, Spaß.

122 Pflastermalerei

Material: Kreiden, Wasserfarben, Wasser, Eimer, Pinsel, Küchenrolle.

Wenn sich das Thermometer der 30-Grad-Marke nähert, werden die Pflastermaler mit Wasserfarbe oder mit farbigen Kreiden aktiv. Während die Kreidemalereien länger erhalten bleiben, verdunsten die Wasserbilder im Sommer sehr schnell. Beide Formen bereiten den Kindern immer wieder große Freude, besonders, wenn man sie sich mit mehreren teilt. Wenn kein dicker Pinsel vorhanden ist, kann mans auch mal mit einem Handfeger versuchen.

Spielqualität: bildnerischer Ausdruck; manuelle Geschicklichkeit; Spaß.

123 Die Remmidemmi-Band

Material: siehe Spielverlauf.

Für dieses Spiel legt die Erzieherin im Gruppenraum verschiedene Gegenstände aus: Blechdosen, Pappkartons, Jogurtbecher, Topfdeckel, Kochlöffel, Zeitungen, Plastikeimer usw.

Auf einem Tisch liegen Muggelsteine, Erbsen, Plastiktüten, Blumendraht, Pfeifenreiniger, Tesafilm, Klebstoff und Band. Die Kinder können die einzelnen Gegenstände ausprobieren. Dann sucht sich jedes Kind 1 Gegenstand. Welche Geräusche lassen sich mit ihm erzeugen? Es können 2 Gegenstände zu 1 Instrument zusammengebaut werden: neue Klangmöglichkeiten entstehen. Die Kinder können ihre Klangerzeuger untereinander tauschen. Der Experimentierfreudigkeit dieser Sommer-Band sind keine Grenzen gesetzt.

Spielqualität: Die Kinder erfahren akustische Reize; selbstgebastelte Instrumente werden improvisierend eingesetzt; Experimentierfreude; Kommunikationsfähigkeit; befreiendes Lärmen; Fantasie und Kreativität.

Hindernisparcours 124

Material: Fahrräder oder Roller, Bretter, Baumstamm, Wollfaden, Flaschen.

Die Teilnehmer müssen auf ihrem Roller oder Fahrrad verschiedene Hindernisse bewältigen, wie z.B.

- Wippe auf breitem Brett und Baumstamm (oder großem Ziegelstein),
- Fahrt über ein 3 Meter langes, schmales Brett,
- tiefgespannter Wollfaden, unter dem nur tiefgebückt durchgefahren werden kann,
- Slalom-Strecke aus Flaschen umfahren,
- 50-cm-Hürde, die mit dem Fahrrad zu überqueren ist.

Wer schafft alle Hindernisse ohne Fahrfehler?

Spielqualität: Übung der Grobmotorik, Körpergefühl, Gleichgewichtssinn, Spaß.

125 Zwei Juli-Minuten-Spiele

Material: 1 Stopp- oder Sanduhr, siehe Spielverlauf.

Die Erzieherin hat 2 schöne Vorschläge für den heißen Tag:

- »Welches Kind schafft es, in 1 Minute mit einem nassen Schwamm mindestens einen seiner Freunde zu treffen? (Das Spielfeld wird zuvor festgelegt.)
- Wer schafft es, entlang eines Gartenschlauches auf dem Rasen zu balancieren, ohne den Boden zu berühren? Sieger wird, wem es gelingt, in 1 Minute den ganzen Gartenschlauch entlangzugehen, ohne auf den Boden auszuweichen.«

Spielqualität: Geschicklichkeit, Grobmotorik, Gleichgewichtsübung.

126 Blumenball

Material: 1 Wurfball.

Die Kinder bilden 1 Kreis und erhalten an Stelle ihres Namens einen Blumennamen (Nelke, Rose, Maiglöckchen usw.). Ein Kind bekommt einen Ball und wirft diesen hoch, während es den Blumennamen eines Mitspielers ruft. Dieser muss den Ball auffangen. Der Vorgang setzt sich so lange fort, bis eines der Kinder den Ball verfehlt und fallenlässt. In diesem Fall gibt das Kind ein Pfand ab, und das Spiel beginnt von neuem. Variationen sind möglich (z.B. andere Begriffe, Zahlen usw.).

Spielqualität: Schnelligkeit, Konzentration, Reaktionsvermögen, Bewegungssicherheit.

127 Wasserflaschenkegeln

Material: je Spieler 1 Plastikflasche, Wasser, 1 Ball, Namenszettel.

Für dieses Spiel benötigen wir so viele Flaschen, wie Kinder teilnehmen. Auf jede Flasche klebt die Erzieherin einen Zettel mit dem Namen eines Mitspielers. Die Flaschen werden mit Wasser gefüllt und unverschlossen wie Kegel aufgestellt. Nun darf einer nach dem anderen kegeln. Sobald eine Flasche umfällt, muss derjenige sie wieder aufstellen, dessen Name auf der Flasche steht. Er beeilt sich dabei, damit möglichst wenig Wasser aus der Flasche fließt. Gewonnen hat nämlich derjenige, in dessen Flasche am Ende noch das meiste Wasser ist. Ein »spritziges« Sommerspiel für schnelle Kinder.

Spielqualität: Reaktion, Wendigkeit, Spaß.

Moby Dick 128

Material: 1 Ball, Bänder, Kreide oder 1 lange Schnur (20 m) zum Kennzeichnen der Linie.

Rechts und links einer Linie stehen sich im Abstand von etwa 15 Metern zur Linie die »Walfänger« gegenüber, die den »Wal« harpunieren und fangen sollen. Der »Wal« läuft auf der Linie entlang, wobei er sich windet und schlängelt wie ein Fisch. Die »Fänger« werfen von der einen Seite mit der »Harpune« – einem Ball – auf ihn. Verfehlt der Ball sein Ziel, d.h. den »Wal«, nehmen die »Fänger« auf der anderen Seite den Ball so schnell wie möglich auf und versuchen ebenfalls ihr Glück. Wer den »Wal« getroffen hat, übernimmt dessen Rolle und das Spiel beginnt von neuem.

Spielqualität: Bewegungssicherheit, Schnelligkeit, Laufsicherheit; Reaktionsvermögen, Geschicklichkeit

Jonglier-Wettbewerb 129

Material: mehrere Bälle, kleine Geschenke.

Spaß, Konzentration und Orientierungsfähigkeit stehen bei unserem kleinen Jonglier-Wettbewerb im Mittelpunkt.

1. Wer kann den hochgeworfenen Ball mit nur 1 Hand fangen?
2. Welches Kind kann 2 Bälle gleichzeitig jonglieren?
3. Wer kann 2 Bälle nacheinander hochwerfen und wieder auffangen?
4. Wer kann 1 Ball (2 Bälle) hochwerfen und vor dem Auffangen eine halbe oder sogar ganze Drehung ausführen?

Die Sieger erhalten eine kleine Überraschung.

Spielqualität: fein- und grobmotorisches Geschick, Konzentration, Spaß.

130 Entzaubern

Alle Kinder stehen im Kreis. Ein Kind steht in der Mitte und sagt: »Ich bin verzaubert worden.« – »Wer soll dich retten?« – Darauf das Kind: »Wer am besten … (Blumen gießen, nähen, tanzen, hüpfen, lachen … oder irgendeine andere Tätigkeit) kann!« Jetzt stellen alle Kinder die genannte Tätigkeit dar. Das Kind im Kreis entscheidet, wer sie am besten ausgeführt hat. Dieser löst das Kind im Kreis ab.

Spielqualität: Fantasie, körperlicher Ausdruck.

131 Ratet, was ich esse!

Gleich noch ein kleines Darstellungsspiel.

Die Kinder überlegen sich, wie eine bestimmte Speise charakteristisch gegessen wird. Pantomimisch »essen« die Kinder z.B. Spagetti, Hähnchen, Pizza, ein zähes Schinkenbrot, eine Apfelsine oder Banane usw. Wer errät, was der Einzelne gegessen hat, darf die nächste Esspantomime vorführen.

Spielqualität: körperlicher und mimischer Ausdruck, Fantasie, Darstellungsfreude.

132 Natur-Streichel-Spiel

Material: siehe Spielbeschreibung.

Die Kinder haben zusammen mit der Erzieherin verschiedene Naturgegenstände wie Grashalme, Ästchen, Blätter, Steinchen u. Ä. gesammelt. Jeder behält alles für sich verdeckt. Es bilden sich Paare, wobei sich einer der beiden gemütlich auf den Rücken legt und die Augen schließt, während der andere jetzt mit einem der beliebigen gesammelten Gegenstände vorsichtig über die bloßen Beine, Oberarme oder über die Wangen der liegenden Person streicht. Diese genießt zunächst einmal und kann dann erraten, um welches Natur-Streichelobjekt es sich handelt. Selbstverständlich werden die Rollen auch mal getauscht.

Spielqualität: Sinneswahrnehmung, Sensibilisierung, benennen können, Ratespaß.

Springmäuse 133

Material: Reifen.

Wir legen so viele Reifen nebeneinander, wie Kinder mitspielen. Alle Kinder – außer einem – stehen jeweils in 1 Reifen. Sie springen von Reifen zu Reifen, während das Kind, das keinen hat, versucht, einen Reifen zu erwischen, der gerade leer ist.

Spielqualität: Geschicklichkeit, Körperbeherrschung, Reaktionsvermögen.

Schwammdrücken 134

Material: Pappbecher, Schwämme, mit Wasser gefüllte Plastikschüsseln.

Ein Spiel für heiße Tage.
Jedes Kind bekommt von der Erzieherin 1 Pappbecher und 1 Schwamm. Es werden 2–3 mit Wasser gefüllte Schüsseln aufgestellt. Auf ein Zeichen taucht jedes Kind seinen Schwamm ins Wasser und drückt ihn in seinen Becher aus, bis dieser gefüllt ist. Wer wird schnellster Schwammdrücker?

Spielqualität: Spielspaß, manuelle Geschicklichkeit.

Englisch-Tick 135

Es sieht ganz schön komisch aus, wenn die Kinder Englisch-Tick spielen und als Fänger mit merkwürdigen Verrenkungen den Davonlaufenden hinterhereilen.

Das Spiel geht so: Einer muss den anderen ticken. An der Stelle, wo er getickt wurde (z.B. an der linken Wade), muss er sich festhalten und so einen anderen ticken, der ihn dann als Fänger ablöst und so weiter. Es werden bei diesem Spiel bevorzugt Stellen angetickt, die dem Fänger das Verfolgen erschweren und ihn schön komisch aussehen lassen.

Spielqualität: Körperbeherrschung, Reaktion, Spaß.

136 Wenn ich verreise …

Viele Kinder verreisen in den Sommerferien mit ihren Eltern. Wissen alle Kinder schon, was sie in den Urlaub mitnehmen?

Der erste Spieler beginnt mit dem Satz »Wenn ich verreise, nehme ich eine … Seife (Waschbewegungen pantomimisch vormachen) mit.« Der nächst fährt jetzt fort, indem er den ersten Gegenstand wiederholt und einen weiteren hinzufügt (Zahnbürste, Kamm, Haarföhn, Jacke usw.).

Alle Gegenstände werden nur pantomimisch gezeigt und nicht gesprochen!

Spielqualität: Körperlicher Ausdruck, Konzentration, Beobachtung.

137 Hase im Kohl

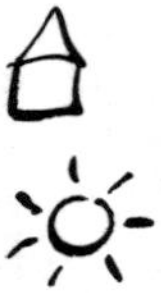

Jeweils 3 Spieler bilden eine Gruppe. Zwei davon stellen sich gegenüber und fassen sich bei den Händen, der dritte Spieler stellt sich in deren Mitte. Mehrere solche Dreiergruppen verteilen sich im Raum. Ein Kind ist überzählig. Es läuft durch den Raum. Sobald es an eine Gruppe kommt, müssen die sich an den Händen haltenden Spieler den »Kohl« öffnen und der »Hase«, der in der Mitte sitzt, muss schnell weglaufen. Läuft er zu spät weg und wird gefasst, muss er mit einem der beiden Spieler wechseln, die den »Kohl« bilden. Dieses Spiel sollte möglichst schnell gespielt werden.

Spielqualität: Fähigkeit, mit Partnern in Beziehung zu treten; Reaktionsfähigkeit; Schnelligkeit.

Schattenfänger 138

Dieses Spiel kann nur an einem wirklich sonnigen Tag stattfinden. Dann aber geht es los. Auf dem Kindergartengelände oder auf der Wiese kommt der »Schattenfänger«. Er versucht, den anderen Mitspielern auf ihren Schatten zu treten. Gelingt es ihm, wird der getroffene Spieler zum Schattenfänger.

Spielqualität: Spaß, körperliche Gewandtheit, Reaktion, Schnelligkeit.

Lustige Geschicklichkeitsstaffetten 139

Material: siehe Spielbeschreibungen.

Die Kinder führen in der Gruppe (auch um die Wette) folgende Aufgaben durch:

- 1 Ring geht von Strohhalm (mit den Zähnen gehalten) zu Strohhalm.
- Mit dem Strohhalm wird 1 Stück Papier angesaugt und weitergegeben.
- Mit ausgestreckten Beinen geben wir 1 Ball weiter.
- Wir geben 1 Ball von Löffel zu Löffel weiter.
- Glasperlen (Tischtennisbälle, Knöpfe u. Ä.) werden von Teller zu Teller weitergegeben.

Spielqualität: fein- und grobmotorische Geschicklichkeit, Konzentration, Spaß.

Mein Freund, der Baum 140

Material: Tücher zum Augen verbinden, Tempotaschentücher.

Die ErzieherInnen (vielleicht mit Unterstützung einiger Eltern) suchen ein Gelände mit vielen unterschiedlichen Bäumen in der Nähe der Einrichtung (gegebenenfalls im Park). Dort spielen wir. Für das Spiel benötigen wir lediglich Tücher zum Verbinden der Augen und Papier zum Unterlegen (damit beim Wechsel der Augenbinde von einem Kind zum anderen keine Augenkrankheiten übertragen werden).

Die Kinder bilden Paare. Einem Kind werden die Augen verbunden. Das sehende Kind führt das »blinde« Kind auf Umwegen zu einem Baum. Mit diesem Baum macht das Kind sich vertraut. Es erriecht, befühlt und ertastet den Baum, bis es meint, so vertraut zu sein, dass es den Baum auch ohne Augenbinde wieder finden wird. Nach einer Weile gehen die Kinder, wieder auf kleinen Umwegen, zum Standort zurück. Die Augenbinden werden entfernt. Die nun sehenden Kinder versuchen, »ihren« Baum wieder zu finden. Dann werden die Rollen getauscht.

Bei diesem Spiel erfahren die Kinder, dass Bäume nicht nur durch das Aussehen voneinander zu unterscheiden sind. Bäume haben auch einen eigenen Geruch und fühlen sich unterschiedlich an.

Spielqualität: intensive Sinneswahrnehmungen.

August

Im August herrscht große Hitze,
Kalle kühlt sich im Schwimmbad ab.
Richtig plantschen ist jetzt Spitze,
auch wenn man kein »Seepferdchen« hat.

141 Wasserbombe

Material: mehrere mit Wasser gefüllte Luftballons.

Ein Spiel für warme Augusttage, für das wir 1 Luftballon mit Wasser füllen. Dieser Wasserballon wird von Kind zu Kind hin- und hergeworfen. Haben alle Spieler den Ballon erfolgreich gefangen, wird der Abstand um einen Schritt vergrößert. Die Gruppe versucht, so weit wie möglich voneinander wegzukommen, ohne dass der Ballon platzt. Natürlich ist die Freude groß, wenns kräftig spritzt.

Spielqualität: Spielspaß, Förderung der Gesamtmotorik.

142 Thronwächter

Material: 1 Stuhl, 1 Ball.

Die Kinder stehen im Kreis. In der Mitte befindet sich der Königsthron mit seinem Wächter. Die Kinder im Kreis müssen sich den Ball zuspielen, indem sie versuchen, ihn durch die Stuhlbeine hindurchzurollen. Gelingt es ihnen, übernimmt jemand anderes die Wächterrolle.

Spielqualität: Spaß, Reaktionsvermögen, Geschicklichkeit.

143 Grashüpfer

Material: Stock oder Kreide zum Markieren.

Auf dem Boden werden in einer Entfernung von etwa 25 – 30 cm in einer Reihe kleine Kreise von ungefähr 50 – 65 cm Durchmesser gezeichnet. Die Spieler stehen hintereinander. Auf ein Zeichen springen die Spieler der Reihe nach mit geschlossenen Füßen von Kreis zu Kreis. Wer in die Mitte eines jeden kleinen Kreises hüpft, ohne die Kreislinie zu berühren, bekommt 1 Punkt. Und wer die meisten Punkte hat, bekommt 1 Preis.

Spielqualität: Förderung der Grobmotorik, Geschicklichkeit.

Zwei August-Minuten-Spiele 144

Material: 1 Stopp- oder Sanduhr; siehe Spielverläufe.

Die Erzieherin stellt die Aufgaben:

- »Springt 1 Minute lang Springseil und pfeift oder singt dabei ein Lied.
- Bildet 2 Gruppen. Jetzt hat einer von euch 1 Minute Zeit, so viele Tiere wie möglich darzustellen, sodass sie seine Partner erkennen. Die Gruppe, die mehr Tiere erkannt hat, gewinnt!«

Spielqualität: Förderung der Gesamtmotorik; Darstellungsfreude, Ratespaß.

Ballonball 145

Material: 2 verschiedenfarbige Luftballons (und einige in Reserve).

Für dieses schöne Bewegungsspiel teilt die Erzieherin die Gruppe in 2 Mannschaften auf. Diese stellen sich in 2 Reihen etwa 2 Meter voneinander entfernt auf. Jede Mannschaft besitzt 1 Luftballon. Die Kinder sollen versuchen, den Luftballon hinter der gegnerischen Mannschaft aufkommen zu lassen. Sobald er hinter dieser Mannschaft den Boden berührt, gibt es 1 Punkt.

Spielqualität: handmotorische Geschicklichkeit, Kooperation, Regelverständnis.

Fundsachen 146

Material: Schachteln / Dosen zum Sammeln; ansonsten siehe Spielbeschreibung.

Beim Sommerausflug, im Garten oder beim Spiel im Freien lassen sich immer wieder Dinge finden, die auf Kinder große Faszination ausüben:

Steine, Äste, Kastanien, Hagebutten, Rindenstücke, Blumen, leere Schneckenhäuschen und Muscheln, Gräser und vieles mehr. Damit wird gern gespielt. Sie werden geordnet, sortiert und Legeketten erstellt. Es lassen sich auch sehr reizvolle Basteleien herstellen (Steinmännchen, Figuren, Landschaften, Sandbilder usw.).

Die gefundenen Naturmaterialien fühlen sich unterschiedlich an, manche sind rau, andere glatt, weich oder hart.

Spielqualität: kennen lernen verschiedener Erscheinungsformen von Pflanzen, Tieren und Blumen; Fantasie (beim Basteln).

147 Schwarzer Peter

Die meisten kennen es als Quartettspiel, dabei ist es eines der ältesten Bewegungsspiele für kleinere wie größere Kinder. Die Spieler laufen von einem Ende eines abgegrenzten Spielfeldes zum anderen und zurück. Der »Schwarze Peter« kommt ihnen entgegen, um sie zu fangen. Er darf nur nach vorn oder zur Seite laufen, niemals zurück. Wen er dabei abschlägt, der wird sein Helfer. Sind alle eingefangen, beginnt das Spiel von neuem. Wer zuerst eingefangen wurde, ist in der nächsten Spielrunde schwarzer Peter.

Spielqualität: Spaß, Schnelligkeit, Reaktion.

148 Tauziehen

Material: 1 langes, dickes und festes Seil.

Für das große Kräftemessen der Schnupfnasen und Dauerlutscher benötigen wir ein dickes Seil, damit sich niemand in die Hände schneiden kann. Die Mitte des Seiles wird markiert. Zwei gleichstarke Gruppen nehmen das Seil an den Enden in die Hände und beginnen auf Kommando, mit aller Kraft zu ziehen. Sieger ist die Gruppe, der es gelingt, die andere Gruppe auf ihre Seite zu ziehen. Viel wichtiger aber ist der kollektive Spaß.

Variation: Reifen sind geeignete Hilfsmittel, um Partnerübungen im Ziehen durchzuführen.

Spielqualität: Körperbeherrschung, Bewegungssicherheit, Spaß.

Grenzgängerspiel 149

Material: Kreide oder Klebeband zum Markieren der Grenzlinien.

Alle Kinder stellen sich hinter einer Linie auf. Etwa 10 Meter weiter wird eine zweite Linie markiert. Zwischen beiden Linien befindet sich ein »Grenzer«. Die Kinder, die versuchen müssen, hinüberzugelangen, ohne dass sie vom Grenzer berührt werden, fragen ihn singend: »Grenzer, darf ich hinübergehen, ja oder nein?« Aber der Grenzer lässt die Kinder nicht so leicht vorbei. Er verlangt von ihnen, beim Hinübergehen eine bestimmte Bewegung zu machen, zum Beispiel auf einem Bein hüpfen, wie ein Krokodil auf allen Vieren, wie ein Pferd traben und wiehern, einen Schubkarren bilden, wie ein Frosch hüpfen. Rückwärts in die Hände klatschend, usw. Der Grenzer kann alle Kinder aufhalten, die die Bewegung nicht richtig ausführen. Er kann auch Bedingungen stellen: Wer beispielsweise grün gekleidet ist, darf nicht hinübergehen, oder er wird nur die Kinder berühren, die grüne Kleidung tragen. Die Kinder, die berührt wurden, können dem Grenzer helfen. Wer als Letzter am Grenzer vorbei muss, hat gewonnen.

Spielqualität: Ideen entwickeln, Gesamtmotorik, Spaß.

Personen raten 150

Ein Stuhlkreis wird gebildet. Die Mitspielerzahl darf nicht zu groß sein (maximal 10 Kinder). Die Mitspieler müssen sich untereinander gut kennen. Ein Freiwilliger oder durch Abzählreim Ermittelter erzählt in der Ichform etwas von einer Person aus dem Mitpielerkreis, z.B. über Hobby, Freunde, Geschwister, Beruf des Vaters, Lieblingsspielzeug usw. Wer errät am schnellsten, wer gemeint ist?

Spielqualität: beschreiben können; persönliche Eindrücke darstellen können; Merkfähigkeit; Aufmerksamkeit und Konzentration; sich in die Rolle des anderen versetzen können.

151 Zeitungsinseln

Material: je Spieler 2 Zeitungen.

In der Sommerzeit, wenn in den Zeitungen nicht viel Interessantes steht, nutzen wir sie besonders gerne als Ausgangsmaterial für die »Inselkette«. Dafür bilden wir mindestens 2 Mannschaften. Jeder Spieler erhält 2 zusammengefaltete Zeitungen. Die Spieler jeder Mannschaft halten sich hinter der Startlinie bereit. Sie müssen so schnell wie möglich eine Strecke von 10 (bis 15) Metern zurücklegen, ohne dabei den Boden zu berühren. Sie stellen sich dazu auf eine Zeitung, legen dann die andere Zeitung vor ihre Füße und bewegen sich so auf den Zeitungen vorwärts bis zur gegenüberliegenden Spielfeldseite.

Spielqualität: gesamtmotorisches Geschick.

152 Zirkus Augustini

Material: siehe Spielverlauf.

Wie wärs mit einem Sommer-Zirkus? Sabine spielt die Zirkusdirektorin, Kalle den »Dummen August« ... Da so ein Zirkusspiel etwas länger dauert, stellt die Erzieherin zusammen mit den Kindern ein paar Vorüberlegungen an:

1. Wer tritt auf? (Alle Kinder machen mit, z.B. als Zirkusdirektor, wilde Löwen und Tiger, Dompteure, Jongleure, Clowns, Elefanten, Pferde, Schlangenbändiger und noch mehr...).
2. Was wird gebraucht? (Verkleidungskiste; sofern vorhanden, bunte Perücken, Peitsche, Stock, Bälle und Ringe, Schläuche, Luftballons, Musik vom Kassettenrekorder...).

Die Vorstellung beginnt! Tusch! Die Zirkusdirektorin begrüßt das Publikum, kündigt die Weltklasseakrobaten und Künstler an:

Elefant:
Graue Strumpfhose, grauer Pullover; kurzer, aus ausrangierten Strümpfen genähter Schwanz; Maske aus Karton.

Tiger:
Strumpfhose und Pullover in hellbraun mit aufgenähten (oder gemalten) schwarzen Streifen; Schwanz aus dickem Seil mit Papierquaste; Maske aus Karton.

Riesenraupen:
In dekorierten Großpapiersäcken bilden jeweils 12 Kinder, die sich an den Händen halten, 2 Riesenraupen, die zu entsprechender Musik einfache Bewegungen ausführen.

Wilde Tiere:
Die Kinder verkleiden sich und vollführen unter Leitung eines Dompteurs verschiedene Kunststücke.

Die Schlangenfrau:
Frau Anna Conda, die berühmte Schlangenbändigerin tritt mit ihrer supergefährlichen Riesenwürgeschlange (einer netten Wollschlange / oder einem dicken Seil) auf, lässt sie sich über ihren Körper kriechen, legt sie sich um den Hals, küsst sie …

Bodenartisten:
Zu flotter Musik machen 5–8 Kinder allerlei Übungen von Rolle bis Radschlagen; alle springen und klettern aufeinander herum.

Schwungtuchtänzer:
Unter einem großen Schwungtuch (Laken) bewegen sich die Kinder zur Musik und tanzen umher. Zuschauende Kinder und Erwachsene dürfen mitmachen.

Zebra:
Strumpfhose und Pullover in weiß, aufgenähte schwarze Filzstreifen (oder Ringelpulli); Kartonmaske.

Seelöwen-Nummer:
Einige Kinder sind Seelöwen, die zu anregender Musik mit ihren Nasen verschiedene große Ballons herumschubsen.

Seilkünstler:
Auf einem am Erdboden liegenden Seil vollführen 3–5 Kinder allerlei »gewagte« Balance-Kunststücke (vielleicht mithilfe eines Regenschirms).

Der stärkste Mann der Welt:
Er kann vor Kraft kaum gehen. Im geringelten Hemd, mit hochgezwirbeltem Schnurrbart lässt er seine Muskeln spielen. Vier Zirkushelfer schleppen mühevoll einen größeren Karton, dem man das Gewicht ansieht, in die Arena. Mit großem Kraftaufwand wuchtet der stärkste Mann der Welt diesen Karton in die Höhe. Er setzt ihn dreimal ab, ehe er es endlich schafft. Während sich der Gewichtheber vor dem Publikum verbeugt und sich den Schweiß abwischt, könnte zum Beispiel ein Clown den Karton mit einer Hand wegtragen.

Clowns:
Eine Gruppe von 5–8 Kindern erhält Clowns-Kostüme. Die Clowns werden besonders sorgfältig geschminkt. Um die knallroten Lippen ist ein breiter weißer Rand gemalt. Auch die Augen sind ausdrucksvoll mit einem weißen Rand versehen. Rote Nase und Perücke gehören ebenfalls dazu. Clowns setzen die Füße aus- und einwärts, gehen dabei vor- und rückwärts oder hüpfen, schlagen einen Purzelbaum, liegen auf dem Boden und zappeln mit den Füßen in der Luft, sie lachen und weinen und treiben ihre Späße mit den Zuschauern (verspritzen Wasser, geben ihnen einen roten Farbtupfer auf die Nase ...).

Das war eine tolle Vorstellung. Abschiedstusch, Applaus, die Vorstellung ist aus.

Spielqualität: gesamtmotorische Förderung, Ideen haben und umsetzen, Riesenspaß.

153 Flinke Finger

Material: 1 Tisch.

Dieses Spiel ist fast schon eine kleine Zirkusnummer, was die Geschicklichkeit und Gelenkigkeit der Finger anbetrifft. Es macht in der Gruppe besonderen Spaß. Die Erzieherin und die Kinder legen die rechte Hand flach auf den Tisch. Jetzt hebt die Erzieherin den Mittelfinger an und alle machen es nach. Danach hebt die Erzieherin den Daumen, usw. Schnell und immer schneller wird das Fingerspiel. Wer kann mithalten? Zwischendurch werden immer die Rollen der »Vormacher« und »Nachmacher« getauscht.

Spielqualität: Feinmotorik, Reaktion, Konzentration.

Achtung, Hände! 154

Wir bilden 1 Stuhlkreis. Jedes Kind legt seine Hände auf die Knie. Sagt die Erzieherin: »Achtung, Hände!«, machen alle Fäuste und stellen den Daumen hoch. Ruft sie: »Hände, ruht euch aus!«, legen alle die Handflächen auf die Knie. Wenn sie ruft: »Hände, geht weg!«, müssen alle Hände hinter dem Rücken verschwinden. Die Anweisungen sollten schnell und richtig ausgeführt werden. Wer einen Fehler macht, gibt ein Pfand ab.

Spielqualität: Reaktionsfähigkeit.

Kleine Gärtner 155

Material: etwa 50 Bildkärtchen mit Obst- und Gemüsemotiven (Wurzel, Rettich, Rotkohl, Gurke, Erbse, Apfel, Erdbeere, Spargel, Birne, Kirsche, Tomate, Salat, Blumenkohl, Rote Rübe, Kartoffel, Kohlrabi usw.).

Die Kinder sitzen im Kreis. In der Mitte liegen mit der Vorderseite nach unten etwa 50 Bildkärtchen. Die Kinder ziehen der Reihe nach 1 Karte und sollen das abgebildete Obst und Gemüse erkennen und gleichzeitig feststellen, auf welche Art es geerntet wird. (Es soll Kinder geben, die glauben, dass Obst und Gemüse wachse in der Obstabteilung des Supermarktes.)

Sie sagen: »Ich gehe in den Garten und … ziehe eine Wurzel«, oder: »pflücke Kirschen, grabe Kartoffeln aus, steche Spargel, jäte Unkraut« usw. Variationen sind möglich.

Spielqualität: erkennen und richtiges benennen, Wortschatzerweiterung durch differenzieren (unterschiedliche Arten des Erntens); Konzentration.

156 Elefantenrüssel

Material: Strohhalme, Flaschen, Plastikeimer.

Die Kinder werden in 2 Mannschaften (Elefantenherden) aufgeteilt. Jeder Spieler ist mit 1 Strohhalm (Rüssel) ausgestattet und jede Mannschaft hat eine Flasche. Etwa 10 Meter vor ihnen befindet sich 1 Eimer mit Wasser. Beim Startzeichen läuft der 1. Spieler jeder Mannschaft zu dem entsprechenden Eimer, saugt möglichst viel Wasser mit seinem Strohhalm-Rüssel auf, rennt danach zur Flasche seiner Mannschaft und füllt sie mit Wasser. Anschließend läuft der 2. Spieler los. Welche Elefantengruppe hat ihre Flasche zuerst gefüllt?

Spielqualität: Geschicklichkeit, Spaß.

157 Schnupfnasenmaler

Material: Papierbogen und Wasserfarben.

Um ein ungewöhnliches Kunstwerk herzustellen, bildet die Erzieherin 2 gleich große Gruppen. Alle Kinder befinden sich hinter einer Startlinie. Ein Kasten mit Wasserfarben befindet sich zu ihren Füßen. Etwa 15 Meter entfernt liegt ein großer Papierbogen, auf den ein Kreis gemalt wurde. Beim Startzeichen taucht das erste Kind jeder Mannschaft seine Nasenspitze vorsichtig in die Farbe und läuft zu dem Papier, um das Innere des Kreises zu bemalen. Danach läuft das nächste Kind los. Welche Gruppe malt ihre Kreise zuerst aus?

Spielqualität: gesamtmotorisches Geschick, Spaß.

158 Wir suchen Freunde

Die Spieler (15–20) laufen im Raum oder auf dem Spielfeld frei durcheinander. Ein Mitspieler – anfangs am besten die Erzieherin – ruft eine Zahl zwischen 2 und 8. Daraufhin müssen sich entsprechend viele Spieler zusammentun und sich als Gruppe im Raum bewegen, bis die Erzieherin eine neue Zahl ruft.

Spielqualität: mit Partnern in Beziehung treten; Bewegungshandlungen; Zahlenverständnis; Reaktionsvermögen.

Der rosarote Panter 159

Alle Kinder setzen sich im Schneidersitz in 1 Kreis und legen die Hände auf die Knie, die Handflächen nach oben. In der Mitte des Kreises sitzt oder hockt der »rosarote Panter« – 1 Spieler, der sich langsam rundherum dreht und von Zeit zu Zeit versucht, jemanden mit einer schnellen Bewegung der linken oder rechten Hand auf die Handflächen zu schlagen. Falls ihm das gelingt, muss der Spieler, der nicht sofort reagierte und die Hand zurückzog, die Rolle des »Panters« übernehmen.

Spielqualität: Reaktionsvermögen, motorisches Geschick, Spaß.

Naturdetektive 160

Material: je Kind etwa 3 Meter Schnur, je 1 Vergrößerungsglas und Schachteln/Dosen.

Bei diesem Spiel in der Natur (Kindergartengelände, Wiese, Garten, Strandgelände usw.) suchen sich alle Kinder eine etwa 3 m lange Bodenstrecke aus.

Je abwechslungsreicher sie aus der Menschenperspektive aussieht, desto spannender wird es später. Zunächst steckt sich jeder Spieler die von ihm bevorzugte Strecke mit selbstgesammelten Holzpflöcken oder Ästen und der Schnur ab. Falls keine Schnur vorhanden ist, kann das Gelände natürlich auch mit herabgefallenen Ästen oder Blättern markiert werden. Jetzt stellen sich alle vor, dass sie »Naturdetektive« sind und kriechen – mit der Nase fast auf der Erde – den Boden entlang. Unvorstellbar, was es dort alles zu entdecken gibt, wenn man sich Zeit lässt und mithilfe seines Vergrößerungsglases genau hinschaut! Eine kleine Welt tut sich auf, die sich sonst unserem Auge verschließt. Wer etwas Besonderes entdeckt hat, zeigt es den anderen »Naturdetektiven«. Vielleicht finden sich nicht nur hochinteressante Spuren, sondern auch das eine oder andere merkwürdige winzig kleine Ding, das man in seiner Schachtel oder Dose zur weiteren Betrachtung oder zum Spielen in den Kindergarten bzw. nach Hause mitnimmt.

Spielqualität: gezielte Naturbeobachtung, Sensibilisierung, Neugierde und Interesse wecken.

September

September treibt den Sommer fort,
bringt Gaby kühle Tage.
Sie schleppt gemopste Äpfel fort,
bei jeder Wetterlage.

161 Ansichtskartenpuzzle

Material: 15–30 Ansichtskarten.

Je nach Teilnehmerzahl werden 15–30 Ansichtskarten diagonal oder in der Mitte durchgeschnitten. Linke und rechte Kartenhälften werden sorgfältig auf 2 Haufen gelegt. Nun verteilt die Erzieherin die linken Hälften überall im Raum (verstecken!), während die Mitspieler draußen warten. Sind alle Kartenhälften versteckt, werden die Mitspieler hereingerufen und bekommen die rechten Kartenhälften. Sie müssen nun die dazugehörenden Kartenhälften suchen. Jeder darf sich eine neue rechte Kartenhälfte holen, wenn er ein Paar vervollständigt hat. Vielleicht ergibt sich am Ende des Spiels ein Gespräch über den verbrachten Urlaub oder ob die Kinder z.B. von jemandem eine Ansichtskarte bekommen haben.

Spielqualität: Beobachtungsfähigkeit; Erkennen von Zusammengehörendem.

162 Tanz auf dem Vulkan

Material: Stühle.

Ein lebendiges Spiel für die ganze Gruppe. Dazu stellen wir die Stühle in Kreisform auf, die Lehnen nach innen, und zwar einen Stuhl weniger als Spieler teilnehmen. Christian ist der Vulkan, alle anderen ziehen hinter ihm her und ahmen all seine Gebärden nach. »Der Vulkan bebt« ruft Christian und wirft die Arme auf und ab. »Der Vulkan bricht aus! Er spuckt Funken und Feuer!« usw. Sobald es heißt: »Der Vulkan ist erloschen!«, muss sich jeder schleunigst einen Sitz erobern. Wer keinen bekommt, wird im nächsten Spiel der »Vulkan«.

Spielqualität: Spannung, Reaktion, grobmotorisches Geschick.

163 Sonne und Regen

Material: Unterschlupfmöglichkeiten wie Tisch, große Pappkartons, Decken, Spielhaus usw.

Die Erzieherin erzählt eine Geschichte von Kindern, die einen Ausflug machen. (Es geht über Wege und eine grüne Wiese, auf der gehüpft, gelaufen, auf Händen und Füßen gekrochen wird oder »Fangen« gespielt wird.) Dabei führen die Kinder die von der Erzieherin angegebenen Bewegungen aus. Fällt in der Geschichte aber das Wort »Sonne«, so setzen sich alle Kinder auf den Fußboden. Taucht in der Geschichte dagegen das Wort »Regen« auf, so versuchen alle Spieler, ganz schnell in einer Ecke, unter einem Tisch u. Ä. Unterschlupf zu finden.

Spielqualität: Kommunikation mit anderen Kindern, Gruppenbildung; Reaktionsvermögen.

Alle Kühe fliegen hoch! 164

Material: Tische.

Die Kinder sitzen am Tisch und trommeln mit ihren Fingern auf die Tischplatte. Dann sagt die Erzieherin: »Alle Möwen fliegen hoch!«, und die Kinder werfen die Arme in die Luft. Dann wird weiter getrommelt. Die Erzieherin ruft: »Alle Bienen fliegen hoch!« oder: »Alle Enten, Gänse, Flugzeuge, Fledermäuse usw.« Jedes Mal werfen die Kinder ihre Arme in die Luft. Schwieriger wird es, wenn die Erzieherin ruft: »Alle Kühe fliegen hoch!« Da hat Gaby ihre Arme hochgeworfen. Das war falsch! Denn immer, wenn etwas genannt wird, was nicht fliegen kann, muss weitergetrommelt werden.

Spielqualität: Reaktion und Konzentration.

Weg suchen 165

Wir sitzen im Stuhlkreis. Ein Kind steht in der Mitte und ruft: »Gelbe Bäumchen, wechselt euch!« Alle Kinder, die etwas Gelbes angezogen haben, wechseln nun schnell die Plätze. Der Ausrufer muss ebenfalls versuchen, einen Platz zu erwischen. Jedes Mal bleibt also ein Kind übrig. Der Ausrufer kann aber auch »Bunte Bäumchen, wechselt euch!« rufen. Dann müssen alle die Plätze tauschen.

Spielqualität: Farbkenntnisse, Reaktion, Konzentration.

166 Gestörte Feinschmecker

Material: siehe Spielverlauf.

Ein furchtbar aufregendes Spiel, das mit viel Lärm verbunden sein kann und nicht nur an Geburtstagen, sondern auch einfach »mal so« zur Freude für alle gespielt werden kann.

Auf dem Tisch liegt: 1 Tafel Schokolade oder dgl., Messer und Gabel, 1 Mütze, Fausthandschuhe. Es geht los!

Reihum wird gewürfelt, in fieberhafter Eile. Bernd hat eine 6 und stülpt sich die Mütze auf den Kopf, schlüpft in die Handschuhe, ergreift Messer und Gabel und darf nun so viel Schokolade essen, (nur mit Messer und Gabel bitte!) wie er kann. Doch jetzt hat Gaby ebenfalls »6« geworfen (das Würfeln geht natürlich inzwischen weiter!) und entreißt Bernd die Utensilien, um ihrerseits noch etwas Gutes zu erwischen, bevor sie dem nächsten Sechser-Würfler die Instrumente abliefern muss …

Variation: Für größere Kinder wird die Schokolade mehrfach verschnürt in Zeitungspapier gewickelt.

Spielqualität: Spaß, Glück, feinmotorisches Geschick.

167 Zwei September-Minuten-Spiele

Material: 1 Stopp- oder Sanduhr.

Die Erzieherin stellt die Aufgaben:

- Wer kann in 1 Minute die folgenden Zungenbrecher fehlerfrei sprechen?
  - Ach, was das für rare Farben waren.
  - Die Katze tritt die Treppe krumm.
  - Sechsundsechzig sächsische Schuhzwecken.
- Springt hoch und schlagt eure Füße zusammen. Wie oft schafft ihr es in 1 Minute?

Spielqualität: Sprechtraining und motorisches Geschick.

Wasser – Ufer – Wasser 168

Material: Kreide bzw. Klebeband zum Markieren.

Die Erzieherin malt mit Kreide 1 Linie auf den Boden (im Raum mit Klebeband). Auf der einen Seite ist das Wasser und auf der anderen das Ufer. Alle Kinder stehen am Ufer. Ein Spieler gibt die Befehle. Wenn er »ins Wasser« ruft, muss jeder ins Wasser springen. Ruft er: »ans Ufer«, hüpfen alle dorthin. Wer die Anweisungen gibt, kann die anderen aber auch an der Nase herumführen, indem er die Befehle abändert durch »ins Gras« statt »ans Ufer« oder »ans Meer« statt »ins Wasser«. Wer sich bei einem irreführenden Befehl bewegt, scheidet aus.

Spielqualität: Reaktion, Konzentration, Bewegung.

Schuhräuber 169

Material: beliebige, nicht zu große Gegenstände aus dem Gruppenraum.

Für dieses schöne Geschicklichkeitsspiel legt die Erzieherin alle Gegenstände in die Raummitte. Die Kinder setzen sich mit ausgezogenen Schuhen in Kreisform um die Gegenstände herum. Auf ein Startzeichen hin rutschen sie jetzt auf Händen, Füßen und dem Po zu den »Schätzen« in der Mitte, nehmen je einen mit den Füßen hoch und bewegen sich vorsichtig wieder zum Ausgangspunkt zurück. Dort lassen sie ihre Beute fallen und machen sich erneut auf den Weg, um neue Gegenstände zu holen. Sind alle abtransportiert, zählen wir, wer die meisten Beutestücke hat. Er bzw. sie ist dann Schuhräuberkönig/in.

Spielqualität: grob- und feinmotorisches Geschick, Spaß.

Gespenst, wie heißt du? 170

Material: 1 Bettlaken oder 1 leichte Decke.

Die Spieler stehen im Kreis, ihr Gesicht zeigt nach außen und die Augen sind geschlossen. Die Erzieherin schiebt die Spieler durcheinander, sodass niemand mehr weiß, wo der andere steht. Schließlich führt sie einen Spieler in die Mitte, lässt ihn niederhocken und wirft ein Laken (oder eine leichte Decke) über ihn. Auf ein Signal drehen sich alle anderen um. Welches Kind weiß zuerst, wer als »Gespenst« unter der Decke versteckt ist?

Spielqualität: Wahrnehmung des anderen, Aufmerksamkeit, schnelles Erfassen der Lage (Reaktion).

171 Das laufende Tor

Material: 1 vorbereitetes Bettlaken, leichte Bälle.

Wir benötigen auch für dieses Spiel 1 großes Bettlaken, in das wir ein Loch von etwa 50 cm Durchmesser schneiden. 2 Kinder fassen es an den Schmalseiten und heben es wie eine Torwand hoch. Auf einer gekennzeichneten Linie gehen sie in angemessenem Abstand zu den Mitspielern hin und her. Diese versuchen, mit einem leichten Ball möglichst oft das Tor – und möglichst nicht die Torträger – zu treffen.

Spielqualität: Geschicklichkeit, Reaktion.

172 Wir spielen Schattentheater

Material: 1 Bettlaken, Lampe (100 Watt), Befestigungsvorrichtung für das Laken.

Für dieses Spiel spannen wir 1 Bettlaken auf (z. B. befestigen wir es mit Reißzwecken in einem Türrahmen). Der Raum wird abgedunkelt. Etwa 2 Meter vom Laken entfernt steht die Lampe. Einige Kinder erscheinen nacheinander als Schatten hinter dem Bettlaken. Sie machen beliebige Verrenkungen, kriechen, hüpfen oder tanzen. An ihren Schatten müssen die Zuschauer sie erraten. Nach einem Durchgang wechseln Schattenspieler und Zuschauer die Rollen.
Vorschläge:

1. Schattenraten mit Verkleidung
2. Kleine Szenen: beim Zahnarzt, Operation, im Zirkus, ein Zauberer tritt auf, Drahtseilkünstler, Raubtiernummer.

3. Berufe darstellen (z.B. Bäcker, Gärtner usw.)
4. Kleine Geschichten, Märchen, Sagen, Lieder vorspielen.

Spielqualität: Fantasie; visuelle Wahrnehmung, konzentriertes Sehen.

Schweinskopfsülze 173

Ein Kind soll bei diesem schönen Blödelspiel auf die gestellten Fragen immer nur »Schweinskopfsülze« antworten. Beispiel: »Wo wohnst du?«, »Wie alt bis du?« Auf jede Frage erwidert der Spieler unerschütterlich »Schweinskopfsülze« – ohne auch nur eine Miene zu verziehen. Sobald er lachen muss, nimmt ein anderer Spieler seinen Platz ein. Besonders die größeren Kinder finden dieses Spiel »echt cool«!

Spielqualität: Fantasie, Selbstbeherrschung, Spaß.

Alle Kinder, die einen Kopf haben … 174

Die Kinder bilden 1 Kreis. Die Erzieherin bittet die Kinder, sich einmal selbst zu betrachten. Dann ruft sie: »Alle Kinder mit braunen Hosen kommen in den Kreis.« Nach kurzer Kontrolle, ob die Aufgabe von allen richtig verstanden wurde, laufen die Kinder auf ihre Plätze zurück. Die Erzieherin – später auch ein Kind – stellt die nächste Aufgabe: »Alle Kinder mit schwarzen Schuhen …, mit hellem Haar …« usw. Es kann auch ein Scherz eingefügt werden: »Alle Kinder, die einen Kopf, die zehn Finger, zehn Zehen, zwei Hände usw. haben …«. Das Spiel muss zügig gespielt werden.

Spielqualität: Beobachtungsfähigkeit; Differenzierung; Kenntniserweiterung.

Jojo-Wettbewerb 175

Material: je Kind 1 Jojo (es muss kein Hightech-Jojo sein).

Während 1998 nahezu alle »Tamagotchis« auf dem virtuellen Friedhof kamen, fand die Wiedergeburt des »Jojo« statt, das schon im 18.

Jahrhundert die französische und englische Aristokratie faszinierte und selbst auf antiken griechischen Vasen auftaucht. Während es heute Hightech-Jojos gibt, bestanden die Jojos der Adligen damals aus Elfenbein. Das Prinzip des Jojo-Spiels ist jedem bekannt: Die ganze Schnur wird strang auf die Spule gewickelt; die Schlaufe der Kordel hängt um den Zeigefinger, Daumen und Mittelfinger halten das Jojo. Lässt man es senkrecht aus, läuft es nach unten. Es läuft die Schnurlänge ab und durch den eigenen Schwung gegenläufig wieder hoch. Diesen Schwung muss man durch einen leichten Ruck mit der Hand verstärken … Immer 3–5 bis fünf Kinder treten nebeneinander stehend an. Wer schafft ein fehlerfreies Auf und Ab am längsten?

Spielqualität: Geschicklichkeit; Konzentration und Reaktion.

176 Rückenpost

Die Kinder stellen sich hintereinander in einer Reihe vor einer Tafel oder vor einem an der Wand befestigten großen Papierbogen auf. Das am Ende stehende Kind zeichnet dem vor ihm stehenden Spieler mit seinem Finger ein Bild aus einfachen, klaren Linien auf den Rücken (z.B. eine Blume, ein Haus mit Spitzdach). Dieser Spieler gibt die empfundene Zeichnung nach vorne weiter, bis das vor der Tafel stehende Kind die angekommene Zeichnung anmalt. Hat das angekommene Bild Ähnlichkeit mit dem abgeschickten?

Spielqualität: Wahrnehmung, Spaß.

177 Windmacher

Material: Papierschnipsel, Tüten (Briefumschläge), Tablett, Föhn, Pappdeckel, Tonpapier.

Der Herbst ist da und mit ihm der vertraute Wind. Die Kinder pusten und fächeln sich mit den Händen Luft ins Gesicht. Danach erhält jedes Kind 1 Tütchen mit Papierschnipseln, die in die Kreismitte gepustet werden sollen. Die Schnipsel werden dann wieder aufgesammelt und auf ein flaches Tablett gelegt. Die Erzieherin gibt einem Kind einen bereitliegenden Föhn, den es auf die Papierschnitzel richtet. Sie wirbeln hoch, und die Kinder versuchen sie aufzufangen. Sind alle Papierteilchen »eingefangen«, darf jedes Kind einmal den Föhn in die Hand nehmen und sich ins Gesicht und in die Haare pusten. Der Sitzkreis wird aufgelöst und die Kinder formieren sich in 2 gleichstarke Gruppen. Die beiden ersten Kinder jeder Mannschaft haben die Aufgabe, mit 1 Pappdeckel (DIN-A4-Format) ein aus Tonpapier bestehendes »Blatt« über eine Strecke von ca. 10 Metern zu wedeln, dann das Blatt in die Hand zu nehmen und dem nächsten Spieler an den Start zu legen. Vorher einmal demonstrieren!

Spielqualität: Die Kinder erkennen, dass Wind bewegte Luft ist. Die Kinder erleben, dass man künstlich Wind erzeugen und mit ihm spielen kann.

Blinde Juweliere 178

Material: je Spieler 10 Büroklammern, Tücher.

Dieses Spiel ist sehr einfach zu erklären, deshalb jedoch nicht minder amüsant.

Jedes Kind erhält 10 Büroklammern. Dann werden allen die Augen verbunden, und nun soll jeder für sich versuchen, aus den Klammern so schnell wie möglich eine lange, zusammenhängende Kette zu bilden. Wir können natürlich auch nacheinander um die Wette antreten, dann haben die, die nicht an der Reihe sind, ihren Spaß beim Zuschauen. Allerdings stoppen wir für jeden die Zeit ab, sodass der Sieger werden kann, der am schnellsten diese Geschicklichkeitsaufgabe löst.

Spielqualität: feinmotorisches Geschick.

Wir machen Kinder-TV! 179

Material: 1 große Pappkiste, eventuell Farben und Verkleidungsutensilien.

Fernsehen ist ein Bestandteil des täglichen Lebens. Aus Untersuchungen weiß man, dass Kinder vom 3. Lebensjahr an nicht nur Sendungen wie »Sesamstraße«, »Die Sendung mit der Maus« und den »Kinderkanal« sehen, sondern auch Fernsehsendungen des Abendprogramms. Wie verarbeiten die Kinder ihre TV-Erlebnisse? Die Erzieherin bringt eine entsprechende große Pappkiste mit, die zur »Fernsehkiste« wird. Es ist den Kindern überlassen, im freien Spiel mithilfe dieses »Fernsehens« zu singen, spielen, malen, herumzualbern, zu reden, sich mitzuteilen.

Spielqualität: Sprache, Denken; freies und ungezwungenes Darstellen; Kreativität, Fantasie.

180 Am Königshof

Material: Stühle.

Die ganze Gruppe wird zum Hofstaat. Jedes Kind erhält seine Rolle: Da gibt es den König und die Königin, Minister, Leibarzt, Kammerdiener und Sekretär, Stallmeister, Koch, Zofe, Stubenmädchen, Wache, Frisör, Gärtner und andere mehr.

Nun beginnt Hannelies mit ihrem flotten Mundwerk eine Geschichte im Stuhlkreis zu erzählen, eine Geschichte vom königlichen Hofstaat, wobei alle Augenblicke einer der verabredeten Namen vorkommt. Sooft nun der Name ertönt, muss der Genannte aufstehen, sich um sich selbst drehen und wieder hinsetzen. Es kommt also darauf an, in der Geschichte so viele Namen wie möglich zu nennen, sodass die Gesellschaft ordentlich außer Atem gerät vor Hopsen und Drehen: z.B.: »Da rief der König: Der Gärtner soll kommen, auch die Zofe, der Minister, Kammerdiener und Leibarzt. Die Königin ist über den Frisör verärgert, und ich will den Koch sprechen. Wo bleibt der Koch? Wache, holt den Leibarzt und den Koch! Ich habe Bauchweh. Der Koch muss mir etwas Schlechtes serviert haben. Sekretär schreiben Sie. Der König, nein besser die Königin, nein doch der König, nein der Minister sollte …«

Bei diesem Spiel kommt Bewegung auf, je wortgewandter und einfallsreicher gespielt wird. Die Erzieherin hilft zu Beginn.

Spielqualität: Reaktionsvermögen, Konzentration, Ideenreichtum beim Erzählen, Sprachgewandtheit.

Oktober

Oktober kommt mit Wind daher,
das freut den Gottfried immer sehr.
Er lässt den Drachen steigen
bis zu den höchsten Zweigen.

181 Kleines Herbsttheater

Material: je nach Bedarf und Spielszene.

Als kleine Rollenspiele für die ganze Gruppe bieten sich an:

- Was kann man im Herbst so alles machen?
- Zeigt, was ihr am Wochenende unternommen habt!
- Ihr kommt aus dem Kindergarten (Hort/Schule) nach Hause und in eurem Zimmer liegt ein Löwe. Was macht ihr?
- Zwei Kinder spielen Torero und Stier.
- Wer spielt etwas vor, was niemand nachspielen kann?
- Wir spielen ein Märchen. (Die Erzieherin liest den Handlungsrahmen vor.)
- Wir empfangen und spielen mit einem unsichtbaren Freund.

Spielqualität: Fantasie entwickeln und umsetzen; Freude am Darstellen.

182 Kartoffelpuzzle

Material: große zerschnittene Kartoffel, ausreichend Zahnstocher.

Zwei oder mehr gleichstarke kleine Gruppen sitzen an Tischen. Sie erhalten von der Erzieherin jeweils 1 große (rohe), zerschnittene Kartoffel, die mithilfe von Zahnstochern wieder zusammengesteckt werden soll. Welche Gruppe löst die Aufgabe zuerst?

Variation: Es werden mehrere zerschnittene Kartoffeln pro Gruppe ausgegeben. *Oder*: Die Kartoffelstücke werden vertauscht an die Gruppen ausgegeben. Jede Gruppe wird so gezwungen, mit einer anderen in Kontakt zu treten. Natürlich kann man mit Kartoffelhälften und Wasserfarben auch Papiere, Karten und Stoffe bedrucken. Aber das wäre schon ein eigenes Thema.

Spielqualität: Kommunikationsfähigkeit und soziale Sensibilität; zuordnen, erkennen, vergleichen und kombinieren.

Bunte Wäsche 183

Material: hell- und dunkelfarbige Wäsche, Wäscheleine.

Der Herbst ist bunt, die Wäsche auch. Zwei Mannschaften werden gebildet. Die eine heißt »Hell«, die andere »Dunkel«. Die Kinder sollen von 1 gespannten Wäscheleine, auf der helle und dunkle Wäschestücke durcheinander aufgehängt sind, die jeweils für ihre Gruppe bestimmte Wäsche abnehmen und zu einer etwa 10 Meter entfernten Ziellinie bringen. Am Schluss wird noch einmal überprüft. Die Mannschaften können nach einem Durchgang wechseln.

Spielqualität: Differenzierung (hell und dunkel); Reaktionsvermögen und Geschwindigkeit.

Riech-Rallye 184

Material: siehe Spielverlauf.

Für diese »Rallye« bereiten wir 1 Tastspur vor, indem wir z.B. Tesakrepp auf den (sauberen) Fußboden kleben. Über die Strecke verteilt stehen kleine Dosen mit starken Gerüchen (z.B. Seife, Käse, Zwiebel, Kaffee, Pfefferminze, Knoblauch, Nelke ...). Wer findet mit verbundenen Augen (die Erzieherin hilft beim Orientieren) zur Zieldose, in der sich, wechselnd für jeden Spieler, ein unterschiedlicher Geruch befindet? Etwa eine Handbreit vor jeder Riechdose wird unter die Tastspur ein Mugelstein gelegt. Er gibt den Hinweis, dass jetzt eine nächste Riechprobe folgt. Die Teilnehmer der Rallye werden über den Spielverlauf informiert, verlassen dann den Raum und kommen einzeln mit verbundenen Augen zurück. Für jeden, der die Rallye schafft, gibts eine kleine Überraschung.

Spielqualität: Sinneswahrnehmung, Differenzierung.

Ansichtskarten-Puzzle 185

Material: mehrere zerschnittene Ansichtskarten (jeweils 4–5 Teile).

Ein Spiel für die etwas älteren Kinder. In der Spielgruppe gibt es für je 1 Paar 1 puzzleartig zerschnittene Ansichtskarte. Die Erzieherin hat dafür Ansichtskarten ausgesucht, die sich in ihren Motiven deutlich unterscheiden. Die Puzzleteile aller Spieler werden vermischt und auf der einen Seite des Raumes etwas ausgebreitet. Jedes Spielpaar sucht sich auf der anderen Seite einen Platz in gleicher Entfernung von den Puzzleteilen. Auf »Los!« läuft der erste Partner, holt sich ein Puzzleteil und bringt es zu seinem Platz. Dann holt sich der Zweite ein möglichst gut dazu passendes Teil. Passt ein Teil nicht zur eigenen Karte, wird es wieder zum »Puzzlehaufen« zurückgebracht. Sieger ist das Spielpaar, dessen Karte zuerst vollständig ist.

Variation: Für jedes Kind hat die Erzieherin 2 Ansichtskarten in je 5 gleich große Teile zerschnitten. Jeder Spieler bekommt einen Kartenteil in die Hand. Alle übrigen Puzzleteile werden gemischt in die Tischmitte gelegt. Wer hat seine beiden Bilder zuerst zusammengestellt?

Spielqualität: Beobachtungsfähigkeit, Kombinationsgabe, Reaktion, Kooperation, Differenzierung.

186 Fantasiespaziergang

Die Kinder sitzen im Stuhlkreis und vollziehen die Bewegungen der Erzieherin nach. Sie schlägt die Handflächen auf die Knie (Marschtempo) und beginnt von einem Spaziergang zu erzählen. Dabei geht es durch hohes Gras (Handflächen werden aneinander gerieben), über eine Holzbrücke (Fäuste schlagen gegen die Brust) und ungewollt wird in eine Pfütze getreten. Die Geschichte wird weiter erzählt, neue Bewegungen kommen hinzu. Am Schluss werden alle Bewegungen in umgekehrter Reihenfolge rasch wiederholt.

Spielqualität: manuelle Geschicklichkeit; Vorstellungskraft, Fantasie; Nachahmungsfähigkeit.

187 Im Zoo

Jeder Spieler denkt an ein Tier, verrät dies aber nicht. Dann stellt jeder die Bewegungsart seines Tieres pantomimisch dar. Einige Tiere werden vielleicht schnell erraten. Mitspieler, deren Tiere nicht so leicht erraten werden, ahmen die Laute nach, die das Tier von sich gibt. Schwierig wird es hier natürlich, wenn das gewählte Tier keine vernehmbaren Laute von sich gibt. Dann kann pantomimisch vorgeführt werden, wie es frisst. Ein kleines Gespräch über die verschiedenen Tiere schließt das Spiel ab.

Spielqualität: Freies Bewegen vor der Gruppe, Darstellung von Bewegungsabläufen; Fantasie; Wissenserweiterung im Bereich Tierwelt; Wahrnehmung.

Das Telefonzellenspiel 188

Ein Spiel, das etwas »wandermüde Schnupfnasen« auf einem Herbstspaziergang wieder auf Trab bringen kann: Ein Suchspiel, das sich unterwegs durchführen lässt. Die Erzieherin benennt ein Suchobjekt, nach dem dann alle Kinder Ausschau halten. Sie sagt z.B.: »Wer entdeckt zuerst die nächste Telefonzelle, den nächsten Briefkasten, die nächste Straßenlampe, die nächste Brücke, den nächsten Supermarkt oder die nächste Litfaßsäule?« Wer das gesuchte Objekt zuerst entdeckt, darf in der darauf folgenden Runde der Spielleiter sein und das nächste Ziel für das Suchspiel festlegen.

Spielqualität: Beobachtung, Wahrnehmungsförderung, Aufmerksamkeit.

Tast-Weltmeisterschaft 189

Material: verschiedene Tast-Utensilien; Tücher.

Bei dieser Spielfolge haben die Kinder mit verbundenen Augen verschiedene Aufgaben zu bewältigen:

- Gefäße (Schüssel, Kanne, Teller, Trinkbecher, Krug, Tasse u. Ä.) betasten und erraten.
- Besondere Merkmale von Gegenständen sind zu ertasten (rund, spitz, hart, weich, lang, kurz usw.).
- Mit verbundenen Augen einen Baukasten einpacken.
- Schuhe sortieren (auch als Wettspiel möglich – 2 Kinder mit verbundenen Augen).

- Die Kinder fädeln verschieden große Perlen auf.
- Mit verbundenen Augen werden Nüsse sortiert (Hasel-, Wal-, Para-, Erdnüsse).
- Verschiedene Obst- und Gemüsesorten müssen ertastet werden.

Spielqualität: Förderung der Gesamtmotorik.

190 Trampeltanz

Material: Luftballon, Bindfaden, eventuell Musik.

Jedes Kind bekommt 1 aufgeblasenen Luftballon mit einer 30 cm langen Schnur an den rechten Fuß gebunden. Die Aufgabe besteht darin, dass die Kinder die Luftballons der anderen zum Platzen bringen, indem sie zu einer fröhlichen Musik tanzen. Wer schafft es, seinen Luftballon am längsten vor den Angriffen der anderen Tänzer zu schützen?

Spielqualität: Spaß, grobmotorische Geschicklichkeit, Reaktionsvermögen.

191 Kleiderstaffel

Material: Koffer, Kleidungsstücke (Hemd, Hose, Mütze, Schal).

Es werden 2 Gruppen mit gleicher Anzahl von Mitspielern gebildet. Am Ende einer abgesteckten Strecke stehen 2 Koffer mit Kleidungsstücken. Auf ein Startzeichen laufen die beiden ersten Kinder der Gruppen möglichst schnell zu den Koffern und ziehen die Kleidungsstücke in richtiger Reihenfolge an. Danach laufen sie mit dem Koffer zu ihren Gruppen zurück und müssen sich dort so schnell wie möglich wieder ausziehen. Die anderen Spieler dürfen dabei keine Hilfestellung leisten. Der nächste Spieler ergreift den wiedergefüllten Koffer und läuft zum Endpunkt der Strecke. Dort wiederholt sich der Vorgang. Die schnellste Gruppe wird Sieger.

Spielqualität: Geschicklichkeit im gesamtmotorischen Bereich.

Hör-Spiele 192

Material: 1 Kassettengerät mit verschiedenen Geräuschaufnahmen.

Mithilfe des Kassettenrekorders können wir eine interessante Spieleinheit für die Kinder gestalten. Er eignet sich auch sehr gut als Medium zur Konzentrationsförderung. Einige Beispiele:

- Aufgenommene Umweltgeräusche aus dem Alltag, dem Straßenverkehr oder der Technik müssen erraten werden (z.B. Verkehrsmittel, Telefon, Küchenmixer, Uhren, Sturm usw.).
- Die Erzieherin spielt eine Reihe von Geräuschen ab. Beim zweiten Abspielen fehlt ein Geräusch oder ist gegen ein anderes ausgetauscht worden.
- Schwieriger: Künstlich erzeugte Umweltgeräusche müssen ebenso wie ihr Zustandekommen geraten werden. Welche Hilfsmittel wurden z.B. beim Pferdegetrappel und beim Regen benutzt?
- Noch schwieriger: Die Kinder sollen aufgenommene Körpergeräusche (z.B. Fingerklopfen, Händereiben, Zähnemahlen usw.) erkennen.
- Im Gruppenraum (auf dem Kindergarten-/Hortgelände) hat die Erzieherin einen Kassettenrekorder eingeschaltet, der ganz leise läuft. Wer findet ihn?

Spielqualität: Förderung der Sinneswahrnehmung, Differenzierung, Ratespaß.

Zwei Oktober-Minuten-Spiele 193

Material: 1 Stopp- oder Sanduhr, siehe Spielbeschreibung.

Die Erzieherin:

- Wer schafft es, alle Gegenstände, die unter dem Tischtuch versteckt sind (8–10), innerhalb 1 Minute zu erkennen?
- Wie oft schafft ihr es, in 1 Minute, euch hinzusetzen und wieder aufzustehen, während ihr einen Löffel auf der Nase balanciert?

Spielqualität: Beobachtungsfähigkeit und Gesamtmotorik.

194 Stadttor

Material: 1 Wurfball.

Die Kinder bilden 1 Kreis mit dem Gesicht zur Kreismitte, die Beine sind gespreizt. Ein Kind versucht, von außerhalb des Kreises einen Wurfball durch die gespreizten Beine der »Verteidiger« in den Kreis zu werfen. Diese dürfen aber die Beine nicht bewegen. Die Spieler verteidigen ihre Festung nur mit den Händen. Wer den Ball durchlässt, scheidet aus.

Variation: Der Werfende steht im Kreis. Die »Verteidiger« dürfen die Beine schließen, aber die Hände nicht benutzen.

195 Zeitungsfiguren

Material: Zeitungen, Packpapier (bzw. Tapete), Scheren, Kleister, Klebstifte, eventuell Farbstifte für Umrandungen.

In Kleingruppen von je 3 Personen werden Figuren oder Formen aus Zeitungspapier ausgerissen oder ausgeschnitten. Erlaubt ist, was gefällt (z.B. abstrakte Formen, Tiere, Blumen, Wolken). Die ausgeschnittenen Figuren werden auf einem Packpapierbogen oder auf einer Tapetenfläche arrangiert und mit Tapetenkleister festgeklebt. Im Anschluss erhält das Bild von der Gruppe einen Titel.

Variation: Das fertige Bild wird in die Mitte eines Stuhlkreises gelegt. Hierzu wird eine kleine Geschichte erfunden und erzählt.

Spielqualität: Feinmotorik, Fantasie.

196 Heute spielen wir Theater

Die Erzieherin lässt die Kinder nacheinander gemeinsam verschiedene Handlungen pantomimisch darstellen. Sie sagt:

Wir tun so, als ob wir …
… unsere Zähne putzen,
… in die Hose steigen und die Jacke zuknöpfen,
… die Schnürsenkel unserer Schuhe zubinden,

… unsere Kindergartentasche (Schultasche) zusammenpacken,
… einen Knopf annähen,
… die Zeitung (ein Bilderbuch) lesen (betrachten),
… einen Ball werfen und fangen,
… Fußball spielen,
… ein Musikinstrument spielen,
… miteinander telefonieren,
… uns begrüßen,
… zu zweit einen Turm bauen,
… uns zu zweit etwas zuflüstern,
… Auto fahren.

Die Handlungen lassen sich beliebig erweitern. Das Spiel kann lebendig ausklingen, indem die Erzieherin mitteilt: »Wir tun so, als ob wir Turnen hätten …«. Alle Kinder springen, hüpfen, laufen tanzen …

Spielqualität: Übung der Wahrnehmung, Sensibilisierung, Ausdrucksübung, Entwickeln von Ideen, Aufmerksamkeit.

Geschicklichkeitskette 197

Material: siehe Spielbeschreibung.

Die Kinder führen die Aufgaben nacheinander aus:

- 1 Geldstück gleitet von Finger zu Finger, ohne dass es herunterfällt.
- 1 Stock zwischen die Knie klemmen, damit durch den Gruppenraum gehen und ihn einem beliebigen Mitspieler zwischen die Knie stecken, ohne dass er herunterfällt.
- 1 Turm aus übereinander gestapelten leeren Blechdosen wird weitergereicht, ohne dass er zusammenfällt. Stützen und Halten mit den Händen ist nicht erlaubt.
- 1 Tischtennisball von dem rechten Handrücken auf den linken balancieren und dann an einen anderen Spieler weitergeben.

Spielqualität: Förderung der Gesamtmotorik.

198 Kommissar Spürnase

Ein Spieler ist Einbrecher, die anderen sind die Kommissare. Alle Kommissare haben 1 Minute Zeit, um sich das Zimmer, in dem sie sich befinden, gut anzusehen. Danach müssen sie den Raum verlassen. Der Einbrecher kann nun einige Dinge im Gruppenraum verändern. Er stellt zum Beispiel etwas um oder schaltet eine Lampe an. Anschließend kommen die Kommissare zurück. Welcher Kommissar bemerkt zuerst, was verändert wurde?

Spielqualität: Beobachtungsfähigkeit, Kooperation, Ratespaß.

199 Spiele im Herbstwind

Herbst und Wind gehören zusammen. In dieser Jahreszeit haben Windspiele im Freien eine besondere Stellung. Die Wirkungen des Windes, sein Sausen und Pfeifen, das Rauschen der Bäume, das Wirbeln der Blätter ist für Kinder immer wieder beeindruckend. Es kommt zu ganz einfachen Spielen. Die Kinder laufen wirbelnden Blättern hinterher, toben und verstecken sich in Laubhaufen, lassen Papierstückchen fliegen und versuchen, die Fetzen im Flug mit den Händen zu fangen.

Auf einem Spaziergang werden bunte Blätter, Eicheln, Bucheckern und Kastanien gesammelt. Aus den Naturmaterialien entstehen später im Kindergarten die verschiedensten Blattbilder, Kastanienmännchen und Tiere. Gesammelte Tannenzapfen werden zu Bäumen, Rinden zu Gebirgen, Blätter zu Landschaften und Steine zu Häusern.

Spielqualität: Naturbegegnung; mit dem Naturmaterial umgehen, es verarbeiten, Entwicklung entsprechender Fertigkeiten.

200 Windrädchen

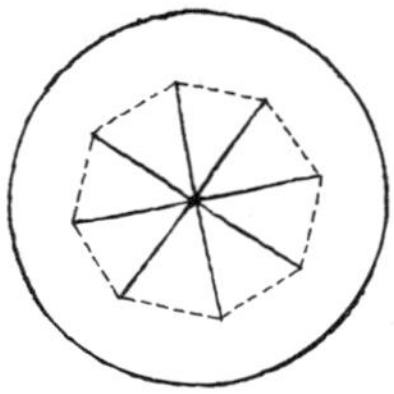

Material: Papier (Tonpapier), Scheren.

Dieses Windrad aus festem Papier oder Karton ist im Freien ein richtiger »Formel-1-Renner«! Er ist im Handumdrehen hergestellt. Die Kinder erhalten von der Erzieherin 1 vorgezeichneten Kreis (siehe Skizze). Die durchgehenden 8 Linien werden eingeschnitten. So entstehen 8 Zacken, die die Kinder umknicken – und zwar immer abwechselnd, eine nach außen und eine nach innen. Gleich nach der Fertigstellung gehts nach draußen zum Windrädchen-Rennen.

Spielqualität: Fingerfertigkeit, Erfolgserlebnisse (beim »Rennen«), Spaß.

November

November ist Laternenzeit
für Jutta, Jörg und Frieder.
Schnupfnasen ziehn dann straßenweit
und singen ihre Lieder.

201 Händeraten

Material: Wolldecke oder Bettlaken.

Für dieses Beobachtungsspiel spannen wir 1 Wolldecke oder 1 Bettlaken vor die Tür. Zwischen Türöffnung und Deckenoberkante bleibt eine »Bühnenöffnung von etwa 30 cm Höhe. 3–4 Kinder stellen sich hinter die Decke und lassen ihre Hände im »Bühnenausschnitt« sehen. Zuvor haben sie Uhren und Schmuckstücke abgelegt und die Ärmel von Pullovern und Blusen über ihr Handgelenk zurückgestreift. Die Zuschauer müssen nun erraten, zu wem die vorgezeigten Hände gehören.

Spielqualität: Beobachtungsfähigkeit, Wahrnehmung der Gruppenmitglieder, Ratespaß.

202 Nuss-Tipp

Material: 1 großer Beutel geknackter Hasel- und Walnüsse.

Dieses schöne November-Spiel wird am Tisch durchgeführt. Alle Kinder haben einen gleich großen Vorrat an Nüssen. In der Tischmitte sind 20 Nüsse, aus gemeinsamen Einsatz, übersichtlich ausgebreitet. Jutta dreht sich weg, während Jörg auf irgendeine der daliegenden Nüsse tippt. Nun darf sich Jutta eine Nuss nach der anderen holen, welche sie möchte. Kommt sie aber an die, welche Jörg vorhin »getippt« hat, so schreit alles »Tipp!« und sie muss aufhören. Jeder Spieler, auch Jutta, muss nun aus dem Vorrat die Nüsse wieder auf 20 ergänzen. Dann kommt der Nächste an die Reihe. Sieger ist natürlich, wer am Ende die meisten Nüsse hat.

Spielqualität: Spannung und Spaß.

203 Pustevolleyball

Material: 1 Feder oder 1 Wattebausch, 1 Seil.

Die Kinder werden in 2 Mannschaften aufgeteilt. Ein Seil ersetzt das Netz. Nachdem sich beide Mannschaften zu beiden Seiten des Seils aufgestellt haben, beginnt das Spiel. An Stelle eines Balles wird eine

Feder oder ein Wattebausch benutzt. Durch Pusten müssen die Kinder versuchen, die Watte in das gegnerische Feld zu befördern. Die Arme dürfen bei dieser Volleyballvariante nicht benutzt werden. Wer hat die meiste Puste?

Spielqualität: gesamtmotorisches Geschick, Reaktion.

Handy für Sandy 204

Alle Kinder bis auf eines, das in der Kreismitte steht, sitzen im Kreis. Sie fassen sich an den Händen. Nun beginnt eines: »Ich sende eine Nachricht an …«. Es nennt ein im Kreis sitzendes Kind (z.B. Sandy) und sendet die Nachricht, indem es seinen rechten oder linken Nachbarn möglichst unauffällig die Hand drückt. Dabei sagt es: »Abgegangen.« Der Nachbar gibt den Druck an seinen Nachbarn weiter, und so fort, bis der Händedruck – das »Telefonat« – den vorhergenannten Empfänger erreicht hat. Dieser sagt: »Angekommen«. Das in der Mitte stehende Kind hat dabei die Aufgabe, zu beobachten, wer die Nachricht gerade weitergibt. Ertappt es einen dabei, muss dieser in die Kreismitte. Wenn ihm das nicht gelingt, dann derjenige, an den die Nachricht gerichtet war, eine neue senden.

Spielqualität: Beobachtungsfähigkeit; Geschicklichkeit; Reaktionsfähigkeit.

Der flinke Schuh 205

Material: 1 Schuh.

Die Kinder sitzen eng nebeneinander im Kreis auf dem Fußboden. Sie ziehen die Beine so an den Körper, dass unter den Knien eine Lücke entsteht. Durch diesen »Tunnel« wandert ein Schuh von Hand zu Hand. Ein suchendes Kind läuft um den Kreis herum, um den Schuh zu erwischen. Hat es ihn endlich bekommen, so ist es erlöst und setzt sich an die Stelle dessen, bei dem es den Schuh gefasst hat. Dieses Kind muss jetzt um den Kreis herumlaufen.

Spielqualität: genaues Beobachten, Schnelligkeit, Geschick.

206 Zeitungsschlange

Material: Zeitungen, Eier- oder Sanduhr, kleine Preise.

Jedes Kind erhält die Doppelseite einer Zeitung und auf: »Achtung – fertig los!« beginnt jeder die Zeitung so zu zerreißen, dass eine möglichst lange Schlange dabei entsteht. Man kann hin- und herreißen oder rundherum, nur zerreißen darf die Schlange nicht. Nach einer vorher vereinbarten Zeit (3 Minuten), die mit der Eier- oder Sanduhr gestoppt wird, legen alle ihre Zeitungsschlangen nebeneinander. Wer die längste Schlange hat, bekommt einen kleinen Preis.

Spielqualität: handmotorisches Geschick, Konzentration.

207 Endlose Bilder

Material: Tapetenrollen oder Makulaturpapier, dicke Filzstifte, Wasserfarben, eventuell Scheren, Klebstoff, Pappen, Karton, Papier.

Je mehr Teilnehmer bei dieser Spielaktion mitmachen, desto besser. Im möglichst großen Raum (im Sommer am besten draußen) rollen wir einen aus mehreren Tapetenbahnen zusammengeklebten Papierteppich aus. Jeder malt, wozu er gerade Lust hat, oder alle beschäftigen sich mit einem gemeinsamen Thema:

- Ein Riesenlabyrinth mit mehreren Eingängen wird erfunden, ein komplizierter, begehbarer Weg führt zu einem gemalten Schatz.
- Eine Landkarte mit Ländern, Straßen, Städten, Wäldern, Seen, Meeren, Häfen und Flugplätzen wird aufgemalt. Die Spieler stellen aus Papier, Pappe und Karton Autos, Schiffe, Eisenbahnen und Flugzeuge her und erwecken die gemalte Landkarte mit Leben.
- Es entsteht ein Riesenhaus. In den verschiedenen Stockwerken richtet sich jeder Maler seine Wohnung ein.
- Große Selbstportraits entstehen. Die anderen malen weiter, verändern, ergänzen, verfremden die Bilder.
- Ein riesiges Plakat aus halbierten Gesichtern (zu zweit) entsteht.

Spielqualität: Fantasie, Ideen bildnerisch und gestaltend umsetzen.

Mäuschen, Märchen, Kessel 208

Material: 1 größere Menge Walnüsse.

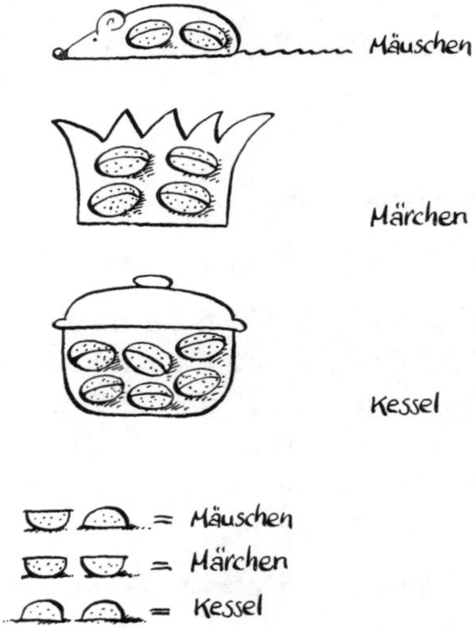

Bei diesem alten Spiel, das nicht mehr viele kennen, hat jedes Kind einen Vorrat von gleichviel Nüssen. 13 Nüsse liegen in der Mitte – wie nebenstehend – geordnet. Nun wird reihum mit 2 halben Nussschalen »gewürfelt«. Je nachdem, wie sie fallen, bedeuten sie Mäuschen, Märchen oder Kessel (siehe Abbildung). Dem Wurf entsprechend erhält jedes Kind den betreffenden Einsatz: Julia wirft beide Schalen mit dem Rücken nach oben, also »Kessel«. Strahlend heimst sie die 7 Nüsse ein. Jens, der nach ihr drankommt, hat ebenfalls »Kessel« geworfen – doch nun ist der Kessel leer und, statt die 7 Nüsse zu bekommen, muss er sie vielmehr aus seinem eigenen Vorrat ergänzen. Es werden mehrere Runden gespielt. Wer am Ende die meisten Nüsse hat, ist Sieger.

Spielqualität: Spaß und Spannung.

Drei harte Schnellsprechnüsse 209

Welchem Kind wird es gelingen, einen Zungenbrecher dreimal nacheinander fehlerfrei aufzusagen?

- Der Potsdamer Postkutscher putzt den Potsdamer Postkutschenkasten.
- Wenn Rollkutscher vor einem Schokoladenladen laden, laden die Ladenmädchen sie zum Tanze ein.

Dieser Zungenbrecher ist eine besonders harte Nuss:

- Hinterm Herrenhäuschen hackt Haushahns Hans hartes Holz, hätte Hubers hübsches Hannchen Haushahns Hans hartes Holz hacken hören, hätte Hubers Hannchen Haushahns Hans hartes Holz hacken helfen.

Spielqualität: Konzentrations- und Sprachübung, Spaß am Wortspiel.

210 Schattenmaler

Material: Borstenpinsel, Lampe bzw. helle Lichtquelle.

Eine Tür mit Milchglasfenster oder ein mit Tesafilm befestigtes Stück Transparentpapier auf einer Glastür wird durch eine Lampe angestrahlt. Die Hälfte der Kinder sind die Zuschauer, die anderen sitzen bzw. stehen hinter der Milchglasscheibe. Sie bemalen die Scheibe mit einem Borstenpinsel. Die anderen Kinder raten, was gemalt wird.

Spielqualität: Fantasie, Originalität; Beobachtungsfähigkeit; Konzentration.

211 Zwei November-Minuten-Spiele

Material: 1 Stopp- oder Sanduhr, siehe Spielverlauf.

Die Erzieherin stellt die Aufgaben:

- Wie oft könnt ihr 1 Ball in 1 Minute aufprallen lassen? Klatscht dazwischen in die Hände, damit es schwerer wird.
- Wer schafft in 1 Minute die meisten Hampelmänner oder Liegestütze? Die Größeren können versuchen, zwischen den Liegestützen zu klatschen.

Spielqualität: Grobmotorik, Geschick, Ausdauer, Kraft.

212 Diaspiele

Die Kinder sitzen am Tisch. Jedes Kind erhält 2 Diagläser und kann darauf verschiedene Dinge kleben, z.B. Fäden, Haare, Federn, Watte, kleine Blätter usw. Die Dias können auch mit Glühlampenlack bemalt oder mit Klebstoff bestrichen werden. Es ergibt geheimnisvolle Figuren. Anschließend werden die Dias projiziert und betrachtet und besprochen. Vielleicht fallen den Betrachtern zum einen oder anderen merkwürdigen Bild eine klitzekleine Geschichte ein.

Spielqualität: experimentieren; Reflexion; verbalisieren (Interpretationsfähigkeit).

Liederraten 213

Die Kinder sitzen im kleinen Kreis. Die Erzieherin klopft ganz leise den Rhythmus eines bekannten Liedes. Jedes Kind, das glaubt, das Lied zu kennen, darf leise mitklatschen. Wenn alle das Lied erkannt haben, klatscht derjenige den Rhythmus eines neuen Liedes, der das vorherige als Erster erkannt hat.

Spielqualität: Gehörsinn; Konzentrationsfähigkeit; Liederrepertoire.

Schokoladensuppe 214

Material: Gummibärchen.

In die Tischmitte hat die Erzieherin verlockende Gummibärchen, eines weniger als Mitspieler, gelegt. (Es können auch Bonbons, Nüsse oder – weniger lecker – Steine oder Knöpfe sein.) Alle Hände sind unter dem Tisch. Jetzt erzählt die Erzieherin oder ein Kind eine »Schokoladengeschichte«. Sobald das Wort »Schokoladensuppe« vorkommt, dürfen alle nach den Gummibärchen greifen. Da, der Benni war zu langsam und muss ein Pfand abgeben. Natürlich erzählt die Erzieherin so, dass man scharf aufpassen muss: manchmal wird von Schokolade gesprochen oder von Schokoladenkuchen, oder von einem Schock oder schon kam … Wer aber zugreift, ohne dass das ganze Wort Schokoladensuppe ausgesprochen wurde, muss ebenfalls ein Pfand geben.

Spielqualität: Konzentration, Reaktion, Schnelligkeit, Spaß.

215 Erbsen-Akrobatik

Material: Stühle, Flaschen, 1 Beutel Erbsen.

Ein Spiel für geschickte kleine Schnupfnasenfinger. Jedes Kind stellt sich vor einen Stuhl, beugt sich über dessen Lehne, die er jedoch nicht berühren darf und lässt nach und nach 20 Erbsen in eine Flasche fallen, die hinter dem Stuhl steht. Wer wird am meisten Erbsen in der Flasche haben?

Spielqualität: feinmotorisches Geschick, Spannung.

216 Watteblasen

Material: 1 Wattebausch, Strohhalme, 2 Schuhkartons.

Die Kinder sitzen um den Tisch herum. In der Mitte liegt ein kleiner Wattebausch. Der Reihe nach wird geblasen, wobei jeder versucht, den Wattebausch einem Mitspieler zuzublasen. Der andere muss darauf achten, dass die Watte nicht über den Tisch geblasen wird.

Variation: Die Kinder erhalten Strohhalme, mit denen sie von einer zur anderen Tischseite in aufgestellte Tore (2 umgekippte Schuhkartons) blasen.

Spielqualität: richtiges Ein- und Ausatmen; Geschicklichkeit, Reaktionsvermögen.

217 Lollo aus Honolulu

Alle Spieler sitzen im Stuhlkreis. Die Erzieherin sagt zu ihrem Nachbarn: »Lollo aus Honolulu ist da; sie hat einen Sonnenschirm mitgebracht!« Dabei hebt sie den Arm hoch. Diese Nachricht wird von Spieler zu Spieler weitergesagt. Jeder hebt dabei den Arm. In der zweiten Runde hat die Lollo einen »Waschlappen mitgebracht«. Jeder Spieler hält den Sonnenschirm aus der ersten Runde und führt dazu nun die Bewegung des Gesichtwaschens aus. So kommen immer weitere Gegenstände hinzu, bis zum Schluss die Erzieherin sagt: »Lollo ist wieder abgereist und hat alles wieder mitgenommen!« Die Spieler hören dann mit den Bewegungen auf. Welchem Kind fallen neue Gegenstände für »Lollo« ein?

Spielqualität: genaues Zuhören und Beobachten; manuelle Geschicklichkeit, Koordination von Gehörtem und Bewegung; darstellen in der Gruppe; Fantasie.

Das längste Ratespiel dieser Welt 218

Material: Samen.

Auch wenn dieses »etwas andere« Ratespiel von den Spielern sehr viel Geduld verlangt, so dauert es zwar nicht ein ganzes Kindergartenjahr, wohl aber einige Monate. Die Kinder füllen gemeinsam mit der Erzieherin 1 große Schale mit Blumenerde und füllen alles, was das Gewürzregal und der Vorratsschrank hergeben: Senfkörner, Mais, Bohnen, Linsen, Wacholderbeeren, Erbsen, dazu eventuell Kerne von Zitrusfrüchten, Eicheln und Ähnliches, auch übrig gebliebene Samen vom Frühjahr. Von jeder Art stecken die Kinder 2–3 Körner in die Erde. Die Schale muss an einem warmen und hellen Ort stehen und regelmäßig begossen werden. Was mag da wohl alles aus der Erde kommen und was nicht?! Das Ganze ist ein spannendes Ratespiel, denn wer weiß noch nach Monaten, was seit diesem Novembertag alles in der Erde schlummert und ans Tageslicht drängt?

Spielqualität: Interesse wecken an der Natur, Wissenserweiterung, langfristige Spannung.

Geschicklichkeitskette 219

Material: siehe Spielverlauf.

Die Erzieherin hat eine Reihe interessanter Aufgaben für die Kinder vorbereitet und fragt:

Wer kann …
- mit verbundenen Augen 1 Kette auffädeln (1 Baukasten einpacken)?

- 1 Zeitungsseite (oder 1 ganze Zeitung) muss mit den Füßen (barfuß) zerrissen werden. Die Fetzen sind mit den Füßen wieder aufzuheben und in einen Papierkorb zu befördern.
- mit Streichhölzern (Zahnstochern (Mikadostäbchen) 1 Turm bauen? Jedes Kind baut 1 quadratischen Turm.

Weitere Aufgaben:
- Luftballons werden zwischen den Beinen (mit den Füßen) weitergegeben.
- 1 meterlanger Faden muss über 2 Finger gewickelt werden. Das nächste Kind muss ihn abspulen, indem es ihn auf seine Finger spult.
- 2 Gefäße, 1 mit Wasser gefüllt, das andere leer, werden weitergegeben. Ohne ein Tröpfchen zu verschütten, muss jeder das Wasser umgießen und die Gefäße weitergeben.

Spielqualität: Förderung der Gesamtmotorik.

220 Winterzeit – Märchenzeit

Im Kindergarten beziehen sich Stegreifspiele sehr oft auf Erzählungen. Märchen mit einfachem Inhalt werden von den Kindern gerne in eine Handlung umgesetzt. Sie identifizieren sich dabei auch mit der übernommenen Rolle. Jetzt in der Vorweihnachtszeit geht vom Märchen wieder ein ganz besonderer Reiz aus, das Rollenspielen anregt.

Für das Stegreifspiel geeignet sind:
- Rotkäppchen
- Hänsel und Gretel
- Dornröschen
- Der Wolf und die sieben Geißlein
- Der süße Brei
- Die Bremer Stadtmusikanten
- Frau Holle

Beim Spiel eines Märchens sollte versucht werden, dieses zusammenhängend aufzuführen. Sowohl die wörtliche Rede als auch im Märchen vorkommende Reime sollten gebraucht werden. Die Erzieherin hilft bei der Rollen- und Raumaufteilung. Die Kreisform ermöglicht die Einbeziehung aller Kinder in das Spielgeschehen (z.B. »Hecke« bei Dornröschen, »Pferdegetrappel«, Reime werden mitgesprochen). Grundsätzlich können die Märchen ohne Requisiten gespielt werden.

Um das Ausdrucks- und Imitationsvermögen der Kinder anzuregen, sollten aber bestimmte Hilfsmittel bereitgestellt werden (z.B. Tücher, Hüte, Papierschwanz, Pappohren, Geschirr). Sollte das Spielgeschehen erlahmen, hilft die Erzieherin durch Erzählen weiter und gibt den Kindern wieder Spielsicherheit.

Spielqualität: Sprache als Ausdrucksmittel, Wortschatzerweiterung; Zuhören und Ausredenlassen; Standpunkte zum Handlungsgeschehen werden bezogen (Identifikation mit den positiven Figuren).

Dezember

Dezember kommt der Weihnachtsmann
und klopft ganz leis bei Florian an.
Er hat auch etwas mitgebracht,
so wird ihm gerne aufgemacht.

221 Weihnachtsplätzchen-Memory-Mampf

Material: mit Zeichen versehene Weihnachtsplätzchen in ausreichender Menge.

Die Erzieherin hat zusammen mit den Kindern einen großen Berg Weihnachtsplätzchen gebacken, möglichst ausgestochene Sterne, auf deren Vorderseite jedes Kind mit Zuckerguss ein Zeichen oder Buchstaben gespritzt hat. Jeweils für 2 Plätzchen das gleiche Zeichen. Jetzt kommen alle fertig gebackenen Plätzchen auf den Tisch, dessen Platte zuvor mit einem Wachstuch abgedeckt wurde. Die Plätzchen werden so hingelegt, dass nur die Rückseiten, jedoch nicht die Zeichen zu sehen sind.

Das »Mampf-Memory« kann beginnen: Jedes Kind darf reihum 2 der leckeren Plätzchen umdrehen. Erwischt es 2 gleiche Zeichen, darf es die beiden süßen Dinger auf der Stelle naschen. Zieht es verschiedene Zeichen, werden sie wieder herumgedreht, und das nächste Kind ist an der Reihe. Wer sich die Stellen, an denen die verschiedenen Zeichen liegen, gut merkt, schafft es leicht, 2 gleiche Zeichen aufzudecken. Die Erzieherin achtet darauf, dass sich niemand den Magen verdirbt und gibt den Kleinen in der Gruppe etwas Hilfestellung, falls sie allzu erfolglos beim »Weihnachtsplätzchen-Memory-Mampf« sein sollten.

Spielqualität: Spaß, Beobachtungsfähigkeit, Genießen.

222 Morgen wolln wir Schlitten fahren

(überliefert)

Bei diesem kleinen Singspiel gehen die Kinder im Innenstirnkreis. Ein Kind steht außerhalb des Kreises in entgegengesetzter Richtung. Bei den Worten »nehme ich mir die (den) … mit« tippt es das ihm nächststehende Kind an. Dieses folgt ihm und hängt sich an den »Schlitten« an. Das Spiel lässt sich sooft wiederholen, bis der Kreis aufgelöst ist.

Spielqualität: freies Darstellen, Bewegen und Sprechen in der Gruppe, Motorik.

Getauschte Buchstaben 223

Die Kinder sitzen im Kreis. Sie müssen versuchen, aus 1 vorgegebenen Wort andere zu bilden, indem nur 1 Buchstabe ausgetauscht wird.

Das 1. Kind beginnt z.B. mit dem Wort »Tanne«, das 2. Kind sagt »Wanne«, das nächste »Kanne«. Wie viele Reimworte fallen den kleinen »Dichtern« ein?

Spielqualität: Wortschatz, Spaß am Wortspiel.

Bildgedächtnis 224

Material: Fotos oder Bilder aus Illustrierten.

Zwei Gruppen werden gebildet. Die Erzieherin zeigt den Kindern 1 Bild, 1 Foto oder 1 Illustrierte für etwa 2 Minuten. Danach wird das Bild umgedreht und weggelegt. Nun müssen die Kinder beider Gruppen nacheinander innerhalb einer festgelegten Zeit von ca. 3–10 Sekunden (je nach Alter) einen Gegenstand nennen, der auf der Vorlage zu sehen war. Kann ein Mitspieler einer Gruppe keinen Gegenstand nennen, kommt ein Mitspieler der anderen Gruppe an die Reihe. Die Gruppe, die am Ende des Spiels die meisten Gegenstände genannt hat, ist Sieger.

Spielqualität: Beobachtungsfähigkeit, Merkfähigkeit, Konzentration und Reaktionsvermögen.

225 Ich fange Fische

Material: 1 Tisch.

Die Kinder setzen sich um 1 Tisch herum und legen ihre ausgestreckten Hände auf die Tischplatte. Die Erzieherin (oder ein ausgewähltes Kind) lässt ihre rechte Hand über die anderen kreisen und sagt: »Ich fange, fange Fische, aus diesem großen Tische. Ich hab die ganze Nacht gefischt und hab noch keinen Fisch erwischt!« Sobald die Erzieherin das Wort Fisch ausgesprochen hat, versucht sie auf eine der vielen Hände zu klopfen. Doch, sobald sie das Wort ausgesprochen hat, ziehen alle schnell die Hände weg. Wer nicht flink genug ist, ist jetzt als Fischer an der Reihe.

Spielqualität: Reaktionsvermögen.

226 Zeitungselefanten

Material: 1 Stapel Zeitungen, Augenbinden.

Jedes Kind hat die Augen verbunden und bekommt 1 Zeitung. Alle sollen nun versuchen, aus der Zeitung die Gestalt eines Elefanten herauszureißen. Wer fertig ist oder denkt fertig zu sein, darf seine Augenbinde abnehmen. (Kinder, die sich nicht gern die Augen verbinden lassen, dürfen die Augen schließen. In der Weihnachtszeit wird eh nicht geblinzelt, oder?)

Spielqualität: taktile Wahrnehmung, Feinmotorik, Geschick, Überraschungseffekt.

227 Zwei Dezember-Minuten-Spiele

Material: 1 Stopp- oder Sanduhr, Kleiderkiste.

Die Erzieherin stellt die Aufgaben:

- Wie viele Kleidungsstücke kann jeder von euch in 1 Minute anziehen?
- Wer kann 1 Minute lang das Gesicht unbeweglich lassen, während ein anderes Kind Grimassen schneidet?

Spielqualität: Gesamtmotorik, Selbstbeherrschung.

Abends gehen wir aus 228

Jeweils 2 Kinder denken sich aus, was sie machen würden, wenn sie abends lange ausgehen dürften (z.B. ins Kino gehen, einen Schaufensterbummel machen, Essen gehen usw.). Paarweise führen sie dann pantomimisch ihr Unternehmen vor. Die Zuschauer müssen erraten, um was es sich dabei handelt. Wer eine »Vorstellung« gegeben hat, darf eine neue Aufgabe stellen.

Variation: Wer möchte einmal etwas vorspielen, was sonst nur die Erwachsenen dürfen (z.B. Autofahren, eine dicke Zigarre rauchen, am Stammtisch sitzen und Skat spielen ...).

Spielqualität: Fantasie, Darstellung vor der Gruppe, Hemmungsabbau, Gespräche.

Rätselzeit 229

Wann haben Sie zuletzt mit Ihrer Kindergruppe gerätselt? Winterzeit ist auch immer Rätselzeit. Zum Beispiel: Wie viele Fenster hat unser Gruppenraum? Was ist auf den Bildern zu sehen, die im Flur des Kindergartens hängen? Natürlich können wir auch mit einigen »Klassikern« unsere Raterunde beginnen:

- Mal ist es kalt, mal ist es heiß, mal ist es Eis. (Wasser)
- Es hat Federn und kann nicht fliegen. Vier Beine hats und kann nicht laufen. (Bett)
- Welches Tier geht alle Tage aus und bleibt doch in seinem Haus? (Schnecke)
- Je mehr es bekommt, desto hungriger wird es, und hat es alles gefressen, so stirbt es. (Feuer)
- Loch an Loch, und es hält doch. Was ist das? (Kette)
- Es ist kein Tier und frisst Papier. (Briefkasten)
- Was ist gelb, feucht, brennt auf der Zunge, ist klebrig und wird mit Würstchen gegessen? (Senf)

Wem fallen Rätsel zum Dezember ein? (rote Nase, große Stiefel, langer Mantel ... Na?)

Spielqualität: Ratespaß, Denktraining.

230 Nikolaus' Tastsack

Material: 1 Stoffsack oder Kissenbezug, verschiedene Gegenstände (Spielautos, Steine, Bauklötze, Buch, Kamm, Muschel, Puppe usw.).

Die Erzieherin hat vor Spielbeginn unbemerkt verschiedene Gegenstände in einen Stoffsack (Nikolaus' Tastsack) gelegt. Jedes Kind darf in den Sack greifen und die Dinge abtasten. Nach einer bestimmten Zeit geht der Sack an den nächsten Mitspieler weiter. Wer hat alle Gegenstände richtig ertastet? Wie viele Gegenstände waren es?

Variationen:

1. Die Kinder »erfühlen« nacheinander im Tastsack verschiedenartige Spielzeuge (oder Gebrauchsgegenstände), beschreiben sie dabei und begründen ihre Vermutung.
2. Es befinden sich 2 gleiche Gegenstände im Sack. Das Kind muss durch Tasten das Paar herausfinden.
3. Ähnliche Gegenstände werden in den Sack gepackt; z.B. runde Dinge wie Apfel, Kugel, Ball, Ei oder längliche wie Löffel, Lineal, Bleistift ...

Am Ende gibts für die kleine »Tastrunde« sicherlich eine Leckerei vom Nikolaus.

Spielqualität: taktile Wahrnehmung; differenzieren und beschreiben können.

231 Die kleine Hexe

Material: 2 Würfel, 1 größere Menge Streichhölzer.

An diesem schönen Streichholz- und Würfelspiel können 3–10 Spieler teilnehmen. Zwei Würfel werden benötigt und eine größere Menge Streichhölzer. Vor dem Spiel wird reihum mit beiden Würfeln gewürfelt, wer beim ersten Spiel die kleine Hexe sein darf (der mit der höchsten Augenzahl). Und reihum mit beiden Würfeln geht auch das Spiel: Immer wenn beide Würfel zusammen mehr als 6 Augen zeigen, darf man sich vom Streichholzstoß in der Mitte 1 Hölzchen für sein Haus nehmen. Nur dann nicht, wenn man einen »Pasch« würfelt, d.h. beide Würfel zeigen die gleiche Anzahl. Dann nämlich bekommt die kleine Hexe (und nur dann) 1 Hölzchen für ihr Hexenhaus. Dieses Hölzchen darf sie sich von einem beliebigen (!) Spieler nehmen – oder vom Mittelstoß. Würfelt aber die kleine Hexe selber einen Pasch, muss sie von ihrem Haus 1 Hölzchen in die Mitte zurücklegen. Wer nun sein Haus als Erster fertig bekommt, der darf in der nächsten Spielrunde »kleine Hexe« sein.

Spielqualität: Spaß, Glück, Sozialverhalten.

Zählen, pfeifen, lachen ... 132

Die Kinder sitzen im Stuhlkreis. Die Erzieherin fragt: Wer kann ...
- so schnell wie möglich rückwärts von 10–1 zählen?
- am höchsten / tiefsten singen?
- ein Lied pfeifen, während ein anderes Kind Grimassen schneidet?
- drei Tierstimmen hintereinander nachmachen?
- die Monatsnamen nacheinander aufsagen?
- einen anderen zum Lachen bringen?

Spielqualität: zeigen von Fähigkeiten und Fertigkeiten; sich vor der Gruppe darstellen.

Geräuschdosenquiz 133

Material: Je Gruppe 8 Gläschen von Babynahrung oder Jogurtbecher bzw. leere Milchdosen, Reis, Linsen, Erbsen, Sand, Kaffeebohnen, kleine Perlen, Wasser u. Ä.; Papier, Schere, Klebstoff, Schreiber.

Die Idee, »Geräuschdosen« zur Konzentrationsförderung im Kindergarten einzusetzen, wurde erstmals von Maria Montessori umgesetzt. Für einen Spielsatz werden 8 gleiche Gefäße (siehe Material) benötigt. Zum Bekleben wird Papier verwendet. Als Inhalt eignen sich Erbsen, Linsen, Sand, Korkspäne, Wasser usw. Eine kleine Menge vom gleichen Material wird in je 2 Dosen hineingegeben. Die Dosen werden so beklebt, dass der Inhalt nicht herausfallen kann und von außen nicht zu erkennen ist. Die Kinder sollen nun durch Schütteln erkennen, in welchen beiden Gefäßen der gleiche Inhalt ist. Gemeinsam werden die Geräusche beschrieben, z.B. hell/dunkel, laut/leise, schrill/dumpf usw. Damit sich die Kinder selbst kontrollieren können, markieren wir die Dosen auf der Unterseite.

Spielqualität: akustische Wahrnehmung, Konzentration, Differenzierung, beschreiben des Gehörten.

234 Was ist größer, länger, dicker ...?

Die Kinder müssen bei diesem Spiel Gegenständen die richtigen Eigenschaften zuordnen. Gespielt wird möglichst in einem größeren Raum (Turnraum). Die Kinder stehen nebeneinander an einer Wand der Erzieherin gegenüber. Die Erzieherin fragt: Was ist kleiner, ein Eichhörnchen oder eine Maus? Entweder antworten die Kinder der Reihe nach oder nach Aufruf durch die Erzieherin. Nach jeder richtigen Antwort darf das jeweilige Kind einen Schritt nach vorne machen. Wer ist zuerst bei der Erzieherin? Weitere Fragen: Was ist größer, länger, schwerer, schneller, lauter, leiser ... usw.

Spielqualität: visuelle Wahrnehmung, Feinmotorik.

235 Gruppenpuzzle

Material: beliebige Bildvorlagen, Kalenderblätter, Geschenkpapier, Prospekte, Illustrierte, u. Ä.; Tonpapier, Schere.

Puzzles aus vorgegebenen Motiven sind Konzentrationsspiele für eine Person und für Kleingruppen. Die Vorlagen werden in beliebige Einzelteile zerschnitten. Beim Alleinspiel mischt jeder Spieler die Einzelteile und setzt sie wieder zu einem Ganzen zusammen. Das Tonpapier dient als Unterlage. Beim Gruppenspiel werden die Puzzleteile aller Spieler in einen Behälter (Schale, Korb o. Ä.) gegeben. Ein Kind spielt den »Verkäufer« und hebt jeweils ein Puzzleteil hoch, sodass es alle Spieler sehen können. Der Mitspieler, dem das betreffende Teil gehört, darf es sich holen und anfangen, sein Puzzle zu legen. Nacheinander werden so alle Puzzleteile verkauft und zusammengepuzzelt.

Spielqualität: visuelle Wahrnehmung, Feinmotorik.

Spiele im frischen Schnee 236

Material: siehe Spielbeschreibungen.

Frischer Schnee lädt Kinder immer wieder zum intensiven Spielen und Bauen ein. Im Nu entstehen auf dem Gelände des Kindergartens, im Park oder auf einer Wiese Schneemänner, Fantasiefiguren oder eine Eskimohütte. Ausgestattet mit warmer Kleidung, trockenem Schuhwerk und wasserdichten Handschuhen werden Körper, Berge und Schlösser geformt. Eiszapfen, verdorrte Zweige und Steine (ver)zieren die Schneegebilde.

Im hohen Schnee oder auf einer glatten Rutschbahn macht eine Variante des sommerlichen Kartoffellaufens besonderen Spaß. Jedes Kind hat 1 Löffel in der Hand, auf dem Löffel liegt 1 Schneeball. Nun kommt es darauf an, so schnell wie möglich vom Start zum Ziel zu laufen, ohne dass der Schneeball herunterfällt.

Auf einer möglichst breiten Rodelbahn bauen wir verschiedene Hindernisse aus Plastikeimern, Fähnchen oder größeren Schneebällen auf. Diese sollen bei der Abfahrt passiert werden. Ein Rodler, der keines der Hindernisse mit seinem Schlitten berührt, ist Sieger.

Spielqualität: Spaß und Spannung, Fantasie, Geschicklichkeit, Bewegungssicherheit.

Verkehrte Welt 137

Die Kinder sitzen in 1 Reihe. Die Erzieherin sitzt ihnen gegenüber. Die Aufgabe des Spiels besteht darin, dass die in 1 Reihe sitzenden Kinder das Gegenteil dessen tun, was die Erzieherin (oder ein freiwilliges Kind) ihnen vormacht. Hält die Erzieherin zum Beispiel ihren rechten Arm fest, müssen die anderen den linken Arm festhalten. Nickt die Erzieherin, müssen die anderen die Köpfe schütteln. Wer lässt sich überrumpeln?

Spielqualität: genaues Beobachten, Koordination von Bewegungen, Begriffe »rechts« und »links«.

238 Heissa, wie es Zucker schneit!

Heissa, wie es Zucker schneit! (überliefert)

2. Unsere kleine Dorothee
fährt im Schlitten durch den Schnee,
Mützchen auf, froh der Mut,
Felix lenkt, und er lenkt gut.

Bei diesem Kreisspiel tanzen die Kinder bei der 1. Strophe angefasst mit seitlichen Nachstellsprungschritten im Innenkreis. Ab Takt 5 bleiben sie stehen, deuten durch Handbewegungen das »Haus« und den »Zaun« an und gestalten das Bauen des Schneemanns nach. Zur 2. Strophe gehen »Felix« und »Dorothee« in die Mitte. »Felix« reicht »Dorothee« die Hände nach hinten und hüpft mit ihr einmal innen am Kreis entlang.

Spielqualität: Akustische Wahrnehmung, Körpergefühl, Spaß an Rhythmus und Bewegung.

239 Drei lustige Aufträge

Material: siehe Spielverlauf.

Die Erzieherin hat 3 kleine Spielaufträge, die z.T. sicher eher von älteren Kindern in der Gruppe gelöst werden:

1. Wer kann 1 Kerzenlicht auspfeifen?
2. Wer kann uns 1 kleine Lügengeschichte erzählen, die im Winter spielt?
3. Kann jemand 3 Zeitungsüberschriften (die von der Erzieherin vorgelesen werden) nach der Melodie »O Tannenbaum …« singen?

Spielqualität: Mut, sich vor der Gruppe zu produzieren, Spaß.

Bunter Teller 240

Material: je nach Teilnehmerzahl 1 großer Teller oder 1 Tablett mit essbaren Stücken (z.B. Obst, Gebäck, Wurst, Gemüse, Schokolade u. Ä.), Gabeln, Würfel.

Dieses Spiel passt so recht in die Weihnachtszeit. Was ein »bunter Teller« ist, weiß wohl jedes Kind. Bei unserem »bunten Teller« geht es etwas anders zu, und zwar wird zuerst in die Mitte der Hauptpreis, z.B. 1 schöner Lebkuchen oder 1 Tafel Schokolade gelegt. Um den Hauptpreis legt die Erzieherin schneckenförmig lauter kleine Leckerbissen, z.B. 1 Weingummi, 1 Bonbon, 1 Stück Brot mit Marmelade, 1 Stück saure Gurke, 1 Orangenscheibe, 1 Stück Karotte, 1 Scheibchen Bockwurst usw. Die Überraschung ist groß, wenn zwischendurch einmal jemand auf 1 Brotstückchen mit Senf, 1 rohes Kartoffelstück oder 1 Zwiebelring beißen muss.

Der »bunte Teller« steht auf dem Tisch. Vor jedem Spieler (bis zu 10 Kinder können teilnehmen) liegen 1 Gabel und 1 Würfel. Es wird der Reihe nach gewürfelt. Der erste Spieler mit einer »6« (oder einer vorher vereinbarten Farbe), darf sich vorsichtig mit seiner Gabel den Bissen vom Teller holen, der »an der Reihe« ist. Inzwischen wird weitergewürfelt und das nächste Kind mit einer »6« ist dran. Jeder Bissen wird der Reihe nach vom Teller genommen. Keiner darf sich vor dem Stück Harzer Käse drücken und vielleicht schon den nächsten Bissen »angeln«, den er viel lieber essen möchte. So wird vielleicht der nächste Spieler vor der »6« zittern, der Nächste aber – vielleicht ein großer Liebhaber des Harzer Käse – wird sie sich herbeiwünschen.

Spielqualität: Spannung, Spaß, Genuß.

Ein Kindergartenjahr, das meist mit »neuen« Kindern nach den Sommerferien im August oder September beginnt, ist nach etwa 240 Spiel-, Erlebnis- und Arbeitstagen vorbeigegangen. Die zahllosen Schnupfnasen und Dauerlutscher sind ein Jahr älter und um viele Erfahrungen und Eindrücke reicher geworden, und das nicht zuletzt durch Sie, liebe Erzieherinnen und Erzieher.

Literaturverzeichnis

Ayres, A. J.: Bausteine der kindlichen Entwicklung. Berlin 1984
Bielefeld, J.: Körpererfahrung. Göttingen 1986
Brandt, P./Thiesen, P.: Umwelt spielend entdecken. Weinheim 2. Auflage 1993
Cropley, A. J.: Kreativität und Erziehung. Stuttgart 1982
Evers, M. (Hrsg. P. Thiesen): Das Spielgruppenbuch. Weinheim 1994
Gottstein, I. (Hrsg. P. Thiesen): Spielgruppen erfolgreich gründen und leiten. Weinheim 1996
Götte, R.: Sprache und Spiel im Kindergarten. Weinheim 8. Aufl. 1993
Krempien, C. (Hrsg. P. Thiesen): 50 Bildnerische Techniken. Weinheim 2. Aufl. 1993
Thiesen, P.: Arbeitsbuch Spiel. Für Kindergarten, Hort, Heim und Kindergruppe. München/Köln 9. Aufl. 1997
Thiesen, P.: Die gezielte Beschäftigung im Kindergarten. Freiburg 9. Aufl. 1997
Thiesen, P.: Kreatives Spiel mit Kindern, Jugendlichen und Erwachsenen. München/Köln 7. Aufl. 1997
Thiesen, P.: Konzentrationsspiele für Kindergarten und Hort. Lebendige Förderung ohne Dressur und Streß. Freiburg 2. Aufl. 1994
Thiesen, P.: Das Montagsbuch. Ein Arbeitsbuch zur Überwindung des »Montagssyndrom« in Kindergarten, Hort und Grundschule. Weinheim 2. Aufl. 1993
Thiesen, P.: Klassische Kinderspiele. Weinheim 1994
Thiesen, P.: Schönwetterspiele im Kindergarten. Freiburg 2. Aufl. 1990
Thiesen, P.: Mit allen Sinnen spielen. Wahrnehmungsförderung in Kindergarten, Familie und Grundschule. Weinheim 2. Aufl. 1997
Thiesen, P.: Drauflosspieltheater. Ein Spiel- und Ideenbuch für Kindergruppen, Hort, Schule, Jugendarbeit und Erwachsenenbildung. Weinheim 3. Aufl. 1993
Thiesen, P.: Himmel Hölle & Co. Weinheim 1999
Thiesen, P.: Kartonwelten, Kuhkunst und Klangtunnel. Weinheim 1999
Zimmer, R.: Motorik und Persönlichkeitsentwicklung bei Kindern im Vorschulalter. Schorndorf 1981